Ein Elefant verschwindet

»Nahaufnahmen«

Ein Elefant verschwindet

Ein anonymer Bericht

Maria Becker

Die Deutsche Bibliothek verzeichnet diese Publikation
in der Deutschen Nationalbibliografie.
Detaillierte bibliografische Daten sind im Internet abrufbar unter
http://dnb.d-nb.de

Besuchen Sie uns im Internet:
www.marta-press.de

1. Auflage März 2020
© 2020 Marta Press UG (haftungsbeschränkt), Hamburg, Germany
www.marta-press.de
Lektorat: Veronika Schimmer, Hamburg
© Umschlaggestaltung: Andreas Imhof, Hamburg
Printed in Germany.
ISBN 978-3-944442-63-1

meinem Mann
meinen Freunden
meinen Therapeutinnen

Inhalt

Kein Vorwort

Kürzlich, am Telefon, hat mich eine alte Studienfreundin als Floß bezeichnet. Es wäre so schön, wenn wir ein solches jederzeit zur Hand hätten.

Wenn wir uns erlauben könnten, uns endlich selbst zu sehen. Könnten wir dann nicht auch heil werden? Einfach das Karussell verlassen, Liebe empfangen, von gütiger Hand, wo immer wir sie finden können und diese erwidern. „Familie" finden, wo wir uns dies erlauben. Ein neues, fruchtbares Stück Land betreten, mit einem weiten und blauen Horizont … Das ist meine Hoffnung.

Der lange Weg

Nach dem üblichen Gerangel um die Sitzplätze ging im Saal das Licht aus. Ich kann mich erinnern, dass die Frau neben mir nach den ersten 15 Minuten ihre Schuhe auszog und die nackten Füße seitlich unter ihren Hintern schob. Ich glaube am Ende des Films reichte sie mir sogar ein Taschentuch. Eben jener Moment könnte auch der gewesen sein, in dem ich Hals über Kopf den Saal verließ. Genau genommen stürmte ich hinaus, ohne Rücksicht auf Füße, Schirme, Taschen und abgestellte Bierflaschen. Und ich vermute, wenn ich hingehört hätte, hätten mich einige Flüche begleitet auf dem Weg durch die schmalen Sitzreihen, hinaus aus dem dunklen Saal. Ohne Vorwarnung war ich aufgesprungen, hoffte noch rechtzeitig die Damentoiletten zur erreichen, bevor mich der Weinkrampf lahmlegen würde, der eben im Begriff war, sich durch meinen Hals hinaufzuarbeiten. Ich war mir sicher, ich würde gleich die Kontrolle verlieren. Hektisch schloss ich die Kabinentür hinter mir. Versuchte zu atmen. Auf einer Damentoilette um Fassung zu ringen, während man das Schluchzen unterdrückt, ist irgendwie klischeehaft und entwürdigend. Es tat weh. Der lange, anstrengende Weg. Der verwundete Fuchs. Das Pferd. Die Verantwortung, die einfach zu viel war. Das Leben ist so. Und meist fragt niemand, ob wir tragen können, was uns aufgebürdet wird.

Mein Mann hatte mir kurz von diesem neuen Film erzählt. Der Lebensgeschichte einer jungen Frau, die nach einer familiären Tragödie aufbricht, um auf einem der Weitwanderwege in den USA ihr Leben zu entwirren. In den Tageszeitungen hatte es gute Kritiken gegeben. Grund genug für zwei alte Wandervögel, ins Kino zu gehen. Worauf ich allerdings nicht vorbereitet war, war *das*. Gleich in der ersten Szene sieht man Reese Witherspoon auf einem Bergkamm sitzen. Ein weiterer Zehennagel hat sich auf diesem Trail soeben verabschiedet, direkt gefolgt von einem ihrer Wanderstiefel. Den zweiten wirft sie kurz darauf, in hohem Bogen, hinterher. Man sieht ihn noch über ein paar Geröllfelder hüpfen, dann ist er weg. Gefolgt von ihrem markerschütternden Schrei.

Der Film nagelte mich die nächsten 120 Minuten gegen die Wand (wie jener große Hund, den ich in meiner Kindheit so gefürchtet hatte). Ich fühlte mich ertappt und gesehen – erkannt, überrannt … alles in einem. Es waren lange eineinhalb Stunden. Ich habe nie Drogen genommen. Ich habe nie geraucht. Ich trinke noch nicht einmal viel Alkohol. Ich habe meine Mutter nie als Liebe meines Lebens bezeichnet und ich hatte noch nie ein Problem mit zu vielen Männern zur gleichen Zeit in meinem Bett. Umso weniger verstand ich damals meinen emotionalen Notstand. Damit Sie mein eigenes Entsetzen in etwa einordnen können, sollte ich Ihnen vielleicht erklären, dass selbst mein Mann nach unserer Trauung etwas enttäuscht bemerkte, ich hätte während der gesamten Zeremonie nicht geweint. Gefühlsausbrüche jeder hysterischen oder überbordenden Art in der Öffentlichkeit sind mir zuwider. Meine Mutter weinte viel und oft und öffentlich. Was mich schon in meiner frühen Kindheit in emotionale Nöte brachte und schließlich zu einem stillen Schwur veranlasste, niemals so schwach, so angreifbar und so verletzlich zu sein wie sie. Schon gar nicht gegenüber Fremden. Sie können sich also vermutlich mein Entsetzen vorstellen, als ich bemerkte, welche Art Explosion sich in diesem Kinosaal anbahnte.

Der deutsche Titel des Films ist „Der große Trip"[1], der englische Originaltitel lautet „Wild" und ich verstand absolut nicht, wieso mich die Lebensgeschichte dieser Frau so sehr aus der Bahn warf, mit der ich doch augenscheinlich so wenig gemeinsam hatte. Mit Ausnahme vielleicht einer krebskranken Mutter. Mein Mann war über meine Reaktion mehr als verwirrt und erkundigte sich beim Verlassen des Kinos besorgt nach meinem Befinden. Ich konnte ihm keine Antwort geben zu diesem Zeitpunkt. Ich weiß nur, wir sprachen noch ein paar Tage später darüber und waren uns einig, dass wir das Gefühl kannten, aufs Äußerste strapaziert zu sein und einen Weg von vielen tausend Meilen hinter uns zu haben, der uns bis an unsere äußersten Grenzen gebracht hatte. Das konnten wir absolut nachvollziehen. Wenn ich mich recht erinnere, sagte mein Mann etwas wie: „Man muss nicht selbst wandern, um das Gefühl zu haben, einen so langen Weg gegangen zu sein."

Mir blieb das Ganze über Monate ein Rätsel. Ich kaufte das Buch. Ich begann zu lesen. Ich versuchte zu verstehen. Und in dem Maß, in dem sich die Geschichte vor meinen Augen entfaltete und ich in meiner Therapie zu reden begann, begann ich auch zu begreifen.

Ein Auszug aus meinem Tagebuch berichtet über die Anfänge meiner Therapie und mein Entsetzten im gleichen Maß: „Meine Welt dreht sich komplett vom Kopf auf die Füße und zurück. Letzte Woche war zum

---

[1] US-amerikanisches Drama aus dem Jahr 2014, basierend auf dem gleichnamigen Roman von Cheryl Strayed. Roman und Film erzählen die Geschichte der jungen Autorin, die nach dem Krebstod ihrer Mutter in den Drogenkonsum abrutscht. Nach der Scheidung von ihrem Mann beschließt sie, auf den Pacific Crest Trail zu gehen, einen der längsten Weitwanderwege in den USA. Buch und Film sind ein Bericht über ihre Zeit auf dem Trail.

Glück mein erster Termin bei Frau Dr. X. Ich habe mit ihr kurz über die Probleme der letzten vier Jahre gesprochen und auch über die aktuelle Situation in meiner Familie. Damit habe ich selbst das Pferd zu Fall gebracht. Frau Dr. X sagte mir, ich solle es mir überlegen mit der Therapie. Und wenn ich mich dafür entschiede, würde sie mir etwas über Borderline erzählen, da es wichtig sei, zu verstehen, dass diese Erkrankung mit einer gewöhnlichen Depression überhaupt nichts gemeinsam habe. Die folgenden Tage las ich im Netz. Die Berichte, die ich dort fand, zogen immer engere Kreise um mich, bis sie mich selbst erreicht hatten. Meine Schwiegereltern, meine Mutter, mein Vater, ich, mein Mann? Die Welt scheint einzustürzen. Ich kann jetzt deutlich fühlen, wie schwach meine Vorstellung vom eigenen Ich ist, wie sehr sie ins Wanken gerät. Ich dachte, ich wäre mit meiner Erschöpfung schon ganz unten angekommen, aber es geht noch weiter. Alles was ich mir in den letzten zehn Jahren scheinbar aufgebaut habe, zerfällt zu Staub. Ich dachte, wenigstens das mit meiner Partnerschaft und Ehe hätte ich gut hinbekommen. Was ich als Geschenk betrachtet habe, stellt sich jetzt als Überlebensgemeinschaft heraus, die auch dazu beiträgt, dass ich neuen Belastungen ausgesetzt bin. Die Beschreibungen, die ich gefunden habe über die Kindheit in einer Borderline-Familie passen so gut, ich kann es einfach nicht glauben."

Ich habe das Buch „Der große Trip" inzwischen mehrfach gelesen. Der Film verwandelte sich in eine Art Expedition ins eigene Ich. In einen Rettungsversuch. In eine Art Credo. Es gibt viele Szenen, die mich bis heute anrühren. Eine davon ist die, in der Cheryl über die Berge geht und dort oben von Schneewehen im Sommer überrascht wird. Als sie eines Morgens vor dem Zelt sitzt, nähert sich ein Fuchs ihrem Lager. Er bleibt in sicherer Entfernung stehen. Den Kopf leicht zur Seite geneigt. Etwas Seltsames liegt in seinem Blick. Nach einem kurzen Moment des Zögerns wendet er sich ab und verschwindet hinter einer Schneewehe. Auch der Gang ist irgendwie merkwürdig. Angeschossen, hinkend, verletzt. Cheryl

Strayd springt auf und ruft dem Fuchs hinterher: „Komm zurück!", und beginnt zu weinen. Für mich war der Fuchs Sinnbild ihrer verstorbenen Mutter und ihres eigenen Lebens gleichermaßen. Alle Liebe, alle Fürsorge, der größte Teil ihrer Gedanken galt dieser Frau, ihrer Mutter. Und als diese an Krebs stirbt, ist der größte Teil ihres Lebensinhaltes plötzlich verschwunden. Einfach so. Als ich die Sterbeszene im Krankenhaus sah, packte mich das kalte Entsetzen. Instinktiv wusste ich, mir würde beim Tod meiner Mutter eine ganz ähnliche Erfahrung bevorstehen. Doch konnte ich in jenem Sommer noch nicht ahnen, dass dies schon so bald sein würde. Aber darum war es nicht weniger beängstigend. Und ich konnte auch nicht ahnen, dass es für mich noch weitaus schlimmer werden würde, als das, was ich im Film gesehen hatte.

Das Kind in der Kirchenbank

Als ich als kleines Kind sonntags in der harten Kirchenbank saß, vertraute ich fest darauf, dass Gott gut war. Beständig und wahr, so stellte ich mir die Liebe Gottes vor, in etwa so, wie das ewige Licht, das in den katholischen Kirchen stets den Tabernakel bewacht. Eine kleine, flackernde Zunge in einem roten Plastikgehäuse. (So leicht zu übersehen.) Winzig, aber warm und stets in Bewegung.

Im Nachhinein lässt sich schlecht sagen, wann die kindliche Welt der Träume, der Sehnsüchte und Abenteuer gewichen ist und einer Welt Platz gemacht hat, die einzig aus einer öden und wüsten Steppe zu bestehen schien. Die sich endlos und zeitlos dehnte von Horizont zu Horizont. Vielleicht war es einer der Sonntage, früh bei der Messe, an dem meine Mutter wieder einmal weinend in der Kirchenbank stand; still und starr den Blick auf den Altarraum gerichtet und mir ihre Hand entzog, als ich versuchte, meine kleine tröstend unter ihre zu schieben.

Ich habe lange gezögert, all die alten Gespenster noch einmal aus ihrer Kiste zu lassen. Auch jetzt, wie ich mich entschließe zu schreiben, fürchte ich immer noch, dass sie mein Leben kapern könnten. Sich mit der mühsam ersparten Lebensenergie davon machen könnten, auf einem Schiff mit schwarzen Segeln, nach Nirgendwo. Auf eine Reise ohne Ziel oder Wiederkehr. So meine bisherige Vorstellung.

Was aber, so frage ich mich seit ein paar Tagen, wenn ich wirklich erst werde anfangen können zu leben, wenn ich sichtbar geworden bin? In welcher Form von Isolation ich all diese Jahre gelebt habe, beginne ich erst in den letzten vier Wochen zu begreifen. Gestern Nacht habe ich mir einige Dokumentationen aus einer Reihe des bayrischen Rundfunks angesehen – „Lebenslinien"[2]. Und dort den Bericht einer Frau gefunden, die in einer Familie mit zehn Kindern, einer überforderten Mutter und einem alkoholkranken Vater aufgewachsen ist. Die gehungert hat, Gewalt erlebt und schon als Kind gelernt hat, sich unsichtbar zu machen. Nicht atmen, nicht auffallen. Mit der Wand verschmelzen, sich wegträumen. Hoffen, dass alles irgendwann vorbei ist. Und da erst wurde mir klar, wie wenig eigenes Leben es tatsächlich für mich gibt, wie wenig Hoffnung besteht, wenn ich nicht, wie sie, endlich in der Lage bin, das Tarnprogramm aufzugeben. Mich sichtbar zu machen, für mich zu sprechen. Aber zu wem? Im Familienverbund gilt meine Mutter als ein liebenswürdiger, gottesfürchtiger und duldsamer Mensch. Und unser Schicksal, als Kinder einer gescheiterten Ehe, hat zwar Mitleid hervorgerufen, aber nie etwas wie kritisches Hinterfragen oder gar ernsthafte Hilfsangebote. Auch jetzt noch,

---

[2] Eine Reihe des bayerischen Rundfunks. Hier stehen die Lebensgeschichten von deutschen Prominenten wie Uschi Glas und Konstantin Wecker ganz selbstverständlich neben den Berichten von Menschen wie du und ich. Alle Folgen sind in der Mediathek abrufbar. „Lange war ich unsichtbar": https://www.br.de/br-fernsehen/sendungen/lebenslinien/index.html

acht Wochen nach ihrem Tod, hat das einseitige Bild des armen Menschen, der krebskranken und duldsamen Frau, meine nächste Umgebung fest im Griff. Es gibt keine Zeugen. Und beginne ich zu sprechen, stoße ich auf Widerstand, auf Unglauben.

Der einzige Weg, so scheint mir, ist ein anonymer Bericht. In dem ich sagen kann was ich denke, ohne Rücksicht auf Familie oder Umgebung. Denn das Sprechen über meine Wahrheit ruft, wie schon seit frühester Kindheit, Ängste auf den Plan. Ängste, die letzten Reste der Familie, der sozialen Kontakte einzubüßen. Und wie wenig nachvollziehbar all dies ist, für eine außenstehende Person, wurde mir erst kürzlich beim Besuch einer alten Freundin wieder klar, als sie sagte: „Meine Cousine hat den Kontakt zu ihrer Mutter abgebrochen, nachdem sie lange Jahre bei ihr gewohnt hat. Sie war der Meinung, sie hätte sich nun genug um sie gekümmert, obwohl diese zu diesem Zeitpunkt noch gar nicht krank war. Wir haben schon lange nichts mehr von ihr gehört. Und ich frage mich, ob es ihr mit dieser Entscheidung so viel besser geht.“

Ich wette nicht. Wer mit Borderline-Systemen vertraut ist, wird dennoch hellhörig werden angesichts dieser Erzählung. Sicher, es mag ebenso viele grausame Kinder geben, wie es lieblose Eltern gibt. Dennoch kann ich nicht anders, als nach der verborgenen Not hinter dieser Erzählung zu horchen. Was mag ein Kind bewegen, speziell die Tochter, die Mutter zu verlassen und den Kontakt zu verweigern? Ein schwerer Weg, in dessen Verlauf man fast alles zu verlieren droht, was man liebt, oder die Reste dessen, was man zu lieben glaubt.

(Die offene oder verdeckte Lieblosigkeit der Frau, ob als Mutter, als Ehefrau oder als Tochter, ist ein Tabuthema. Sie setzt sich bewusst der Gefahr der Ächtung aus.)

Der Tag, an dem ich beschlossen habe zu schreiben, war derselbe Tag, an dem ich beschloss, nicht mehr gläsern zu sein. Nicht mehr angepasst. Laut zu werden und wenn nötig auch unflätig, wenn auch nur in der Anonymität. Der Mut zur völligen Einsiedelei fehlt mir nach wie vor. Und

15

alle Menschen in meiner Umgebung, die ich liebe, in diese alten Konflikte mit hineinzuziehen, erscheint mir auf seltsame Art genauso selbstsüchtig und falsch, wie mir heute viele der Handlungen meiner Mutter erscheinen.

Der Tag, an dem ich wusste, dass ich verdammt war, war der Tag, an dem meine Mutter ihre Krebsdiagnose erhielt. Eine Nachbarin, die als Physiotherapeutin in einem großen Krankenhaus hier in unserer Stadt arbeitet, erzählte mir kürzlich Folgendes: „Es ist kaum zu glauben, über wie viel Gelder die Abteilungen für Krebs in unserem Haus verfügen. Die Menschen spenden große Summen. Krebserkrankungen sind mit einer ungeheuren Menge an emphatischer Anteilnahme verbunden. Ganz anders die neurologischen Erkrankungen, die für die Betroffenen oft mindestens genauso schlimm sind. Diese Erkrankungen sind mit Ängsten besetzt.“

Oder, um es mit meinen Worten zu sagen: „Verlasse niemals deine Mutter! Und verlasse auf keinen Fall – auch nicht in den nächsten sieben Leben – einen Krebskranken“. Zu einer krebskranken, geschiedenen Mutter, die, unehelich geboren, ohne Vater aufwuchs, brauche ich gar nichts zu sagen. Alle gütigen Taten aller Zeiten hätten das Unrecht, das dieser Frau im Laufe ihres Lebens geschehen ist, nicht ungeschehen machen können. Es hat lange gebraucht, bis ich das verstanden habe. Ein solches Leben ist, ob beabsichtigt oder nicht, wie ein großes schwarzes Loch im Universum. Auch die Energie von einhundert Leben und von einhundert Sonnen könnte es nicht füllen.

Der Tag, an dem ich endlich lernte, dies einzusehen, war der Tag, an dem ich bereit war, den Kontakt zu meiner Mutter für drei Monate zu unterbrechen. Sozusagen im letztmöglichen Moment, wie sich später herausstellen sollte. Denn schon drei Monate nach der Trennung erhielt meine Mutter eine Diagnose für acht Gehirntumore und es war klar, dass der zehnjährige Verlauf ihrer Erkrankung sich unweigerlich seinem Ende näherte. Zehn Jahre zuvor hatte ich sie von den ersten Untersuchungen im Krankenhaus abgeholt. Sie stieg damals ins Auto, kreidebleich und verzweifelt. Sie berichtete mir von den Ergebnissen der Biopsie und die Zeit schien für ein paar Sekunden still zu stehen. Die Dinge erstarrten. Ich konnte meinen Körper nicht mehr spüren, ich war wie gelähmt. Ich konnte nur denken: „Krebs, es ist Krebs!". Ich fand mich schlagartig auf einer einsamen Straße wieder, grau und düster im Morgenlicht. Die Häuser zu beiden Seiten standen stumm und verschlossen. Nirgendwo ein Licht zu sehen. Und ganz am anderen Ende der Straße stand der Tod, vielleicht ein wenig dramatisch, mit seiner Sense in der Hand – und ich fragte mich, wie lange es wohl dauern würde, bis er die Straße heraufkommen würde. Bis er bei uns wäre und meine Mutter mit sich nähme.

Ich weiß bis heute nicht, wieso meine Eltern sich dazu entschlossen, ein zweites Kind – mich – zu bekommen, nachdem sie schon wegen meines fünf Jahre älteren Bruders sehr jung hatten „heiraten müssen" und von autoritären Patriarchen zweier Familien „zusammengeworfen" wurden – wie mein Vater bis heute nicht müde wird zu betonen. Vielleicht frage ich ihn eines Tages danach. Die jahrelange Weigerung meiner beiden Eltern zuzugeben, dass da irgendwann einmal ein Gefühl der Wärme und der Liebe gewesen sein könnte, hat für mich bis heute eine ungeheuer zerstörerische Kraft.

Nachdem meine Mutter etwa acht Wochen tot war, bestand mein erster, stiller Akt der Rebellion mit 45 Jahren darin, im Haus meiner Mutter nach dem Hochzeitsbild meiner Eltern zu suchen. Ich fand es auf dem Dachboden, in der hintersten Ecke. Zwei Ecken des Stuckrahmens abgebrochen, mit der Bildfläche nach unten im Dreck. Es fiel mir nicht schwer, mir vorzustellen, wie meine Mutter es durch die Gegend geworfen hatte, in einem Anfall von Zorn. Zum Glück war das Glas heil geblieben. Ich säuberte es und hängte es am selben Abend in unseren Hausflur. Jeder, der kam, sollte es sofort sehen. Und ich wollte mich täglich daran erinnern, dass meine Eltern sich einmal ein Versprechen gegeben hatten, sich beizustehen, in guten, wie in schlechten Tagen. Und dass es zumindest diesen

17

einen Tag gegeben hatte, mit weißem Musselin, schwarzen Lackschuhen und roten Rosen. Die Gesichter etwas schüchtern aber doch erregt. Glücklich und auch neugierig blicken die beiden in die Kamera. Es erscheint mir bis heute als eine der schrecklichsten Strafen, dass diese beiden Menschen ihre Familien glauben machen und machten, dass es nichts Schönes, nichts Gutes und nichts Erinnernswertes in ihrem gemeinsamen Leben gegeben hätte.

Vor der Beerdigung fragte mein Vater, ob er zur Trauerfeier kommen dürfe, man sei ja schließlich längere Zeit „verbandelt" gewesen. Nicht verheiratet, nicht verliebt. Kein Wort von der Familie, die er verlassen hatte, nachdem meine Mutter ihn hinauswarf. Er blieb damals weg. Wochen und Monate. Wir wussten nicht, wo er war. Er hatte sich von uns nicht verabschiedet und trat auch später mit uns Kindern aus eigenem Antrieb nicht wieder in Kontakt.

Und doch, wenn ich mir meine Mutter heute auf ihrem Hochzeitsbild anschaue, dann kann ich auch eine andere Wahrheit sehen, die ich lange nicht gesehen habe. Sie posiert im Vordergrund, seitlich auf einer Bank sitzend. Den Rosenstrauß rechts neben sich, die Hände, in langen weißen Handschuhen, ruhen auf ihrem Oberschenkel und auf der Bank. Die Haltung hat etwas Steifes, aber gleichzeitig Stolzes, so als wären die langen Handschuhe das Wichtigste an diesem ganzen Tag gewesen. Mein Vater steht schräg hinter ihr. Das Gesicht über ihre linke Schulter dem Fotografen entgegengereckt. Schüchtern, gerade so, als hätte man sein schlechtes Gewissen mit ihm in diesen dunklen Anzug mit Fliege geschnürt. Als Braut ist sie die Prinzessin ihrer Mutter an diesem Tag. Man kann sehen, wie teuer das Hochzeitskleid und der Schleier gewesen sein müssen. Ganz über die eigenen bescheidenen Verhältnisse hinaus und ganz der Stolz der alleinerziehenden Frau.

Ich hatte lange Zeit nicht ein einziges Bild meiner Familie in unserem Haus hängen. Ich kann mich erinnern, dass meine Cousine mich einmal besuchte und sich über eine Karte an unserem Kühlschrank amüsierte. Auf ihr war der indische Schauspieler Shahrukh Khan[3] zu sehen. Sie sagte mit einem Lachen in der Stimme und ganz ohne sich darüber im Klaren zu sein, was sie da sagte, dass es lustig sei, dieses Bild dort zu sehen. Ganz so, als gehöre Herr Khan zu unserer Familie. Ich genierte mich ein wenig und wusste damals noch nicht, wie Recht sie hatte. Mein Mann und ich sahen uns monatelang diese indischen Filme an, in denen getanzt, gelacht und auch sehr viel geweint wurde. Ich habe erst spät begriffen, dass ich damals wohl verzweifelt versuchte, wieder einen Zugang zu meinen Gefühlen zu finden, die so lange Zeit verschüttet schienen. Und dass die Personen aus diesen indischen Filmen mir oft als Rollenmodell dienten und als Vorstellung, wie es wäre, in einer großen Familie von liebenden Menschen umgeben zu sein. Und was noch wichtiger scheint, wie sich Güte vielleicht anfühlte und die innere Haltung, es mit anderen Menschen grundsätzlich gut zu meinen.

Unbewusst hatten mein Mann und ich uns von diesen Indern adoptieren lassen, in der Ermangelung anderer Rollenmodelle in unserer Umgebung. Herr Khan gehörte also tatsächlich zur Familie.

Eines Morgens im Badezimmerspiegel

„Ich glaube, in Bezug auf deine Figur kannst du dich nicht beklagen." Ich habe diesen säuerlichen Satz aus dem Mund von Freunden gehört, wenn sie mit ihren Kindern sprechen. Meine Mutter sagte immer zu mir: „Dass du gut aussiehst, brauche ich dir ja wohl nicht zu sagen."

---

[3] Geb. 1965, indischer Schauspieler und Filmproduzent. In Deutschland bekannt unter anderem durch den indischen Film „My Name is Khan" (2010).

Da ich selbst nie Mutter geworden bin, kann ich nicht beurteilen, ob ich nicht ebenfalls der grauenhaften Versuchung erlegen wäre, auch mein Leben an dem meiner Tochter zu messen. Mein Aussehen, meine Pläne, meine Optionen. Im Gegensatz zu dem des Kindes, welches sich erst noch zu voller Schönheit entfaltet. Ich frage mich, ob diesen Müttern der bittere Ton, in dem sie sprechen, bewusst ist.

Für die Tochter, die ihre Mutter liebt und deren Glück will, bedeutet es, dass das eigene Leben nie mehr an Größe und Schönheit erreichen darf, als das der Mutter.

Wie sehr meine Beziehung zu meiner Mutter die Entfaltung meines Lebens behindert hat, ist mir erst in den letzten Wochen bewusst geworden. Als ich mit meiner Therapie begann, berichtete ich im Gespräch immer wieder, dass ich kein Bild von mir selbst hätte, dass ich mich nicht sehen könne. Dass es sei, als würde ich den ganzen Tag an einem blinden Spiegel vorbeilaufen. Matt und grau in der Mitte, sodass man vielleicht ein kleines Stück des Pullovers sehen kann, in dem man gerade steckt, oder noch den letzten Rest des Haaransatzes, aber ganz sicher hat man keinen Blick auf das eigene Spiegelbild. Ich wusste, wie ich aussehe und doch hatte ich kein Bild von mir. Ich hatte keine Anbindung mehr an die Empfindungen meines Körpers. Ich brauchte eine Woche, um festzustellen, dass die Rückenlehne meines Bürostuhles falsch eingestellt war und ich Rückenschmerzen hatte. Ich konnte mich weder sehen, noch fühlen, noch begreifen. Um mich her war Orientierungslosigkeit, Leere und Chaos.

Vor zwei Monaten habe ich mit Facebook und Pinterest begonnen. Sehr zögerlich zunächst, da ich es durchaus vorgezogen hätte, mich weiter zu verstecken. In Ruhe gelassen zu werden und so wenig Kraft wie möglich in zwischenmenschliche Beziehungen zu investieren. Ich wollte nicht gesehen, „gelikt" oder kommentiert werden. Allein mein Beruf verlangte es und mir war klar, dass ich mich dem zunehmenden Druck nicht länger entziehen konnte. Nachdem ich auf den Plattformen gestartet war, geschah etwas Seltsames. Auf Facebook erhielt ich haufenweise Zuschriften von einsamen Männern und hoffnungsvollen Witwern. Meine Fotos wurden mit „Schöne" und mit „Beauty" kommentiert. Auch wenn ich mir der manipulativen Art dieser Plattformen stets bewusst war und auch der Fragwürdigkeiten dieser Identitäten, war etwas in mir doch überrascht, horchte auf. Ich begann öfter und länger in den Spiegel zu sehen. Und obwohl ich zu diesem Zeitpunkt aus meiner Sicht zu viele Kilos auf den Rippen hatte und das Gesicht begann, deutliche Falten zu zeigen, konnte ich zum ersten Mal etwas sehen, das mir zuvor verborgen geblieben war. Es war, als würde man ein Denkmal enthüllen. Die Abdeckung entfernen von Etwas, das immer da gewesen war, aber nie sichtbar. Plötzlich sah ich einen Menschen. Einen schönen Menschen mit all seinen Erfahrungen, dem erlittenen Schmerz, den Verlusten und dem Gewinn, die sich über die Jahre angesammelt hatten. All die Jahre hatte ich mich nicht sehen können und da war ich plötzlich – eines morgens im Badezimmerspiegel.

Auch Pinterest hat seinen Beitrag geleistet. Als ich mich angemeldet hatte, begann ich, Bilder zu sammeln wie eine Wahnsinnige. Mit jedem Bild, das mir gefiel und das ich in meine virtuellen Taschen stopfte, suchte ich Teile eines Puzzles zusammen, von dem ich bis dahin gar nicht wusste, dass es existierte. Meine Interessen, meine Vorlieben lagen plötzlich sichtbar vor mir. Dinge, die ich irgendwo einmal in Magazinen oder in Büchern gesehen hatte, tauchten wieder auf und nahmen ihren Platz in den Reihen ein. Ein kleiner Kosmos bildete sich, mein ureigenes Universum begann sich zu formieren und sich selbst abzubilden.

Nach einigen Wochen erreichte mich eine berührende Nachricht über Facebook. Ein mir bis dahin unbekannter kanadischer Architekt schrieb mir, er sei bei der Suche nach einem Freund über mein Profil gestolpert und es habe ihn so sehr angesprochen, weil es eine ganz eigene und besondere Form von Schönheit zeige. Zunächst war ich sprachlos. Ich bedankte mich artig, schickte ein paar höfliche Grüße zurück und versuchte wieder in der Anonymität unterzutauchen. Aber sein Kommentar hatte sich in meinem Hinterkopf festgebissen: „Eine besondere Form der Schönheit …"

Ein paar Tage später war ich wieder auf Pinterest unterwegs und besuchte zahlreiche Profile anderer Nutzerinnen und Nutzer. Zum ersten Mal in meinem Leben erkannte ich, dass ich anders war als andere, dass ich mich abhob. Dass ich für Dinge, für schöne Dinge ein Auge hatte und dass sich dies ganz offensichtlich durch mein ganzes Profil zog. Der Satz des kanadischen Architekten kam mir wieder in den Sinn.

Seit ein paar Tagen nun bleibe ich länger vor dem Spiegel stehen und betrachte mein Gesicht in Ruhe. Etwas, das ich früher nie tun konnte. Ganz im Gegensatz zu meinem Ehemann. Er ist auch nach über 45 Jahren von seinem Gesicht im Spiegel fasziniert. Gern wollte er mit mir gemeinsam davor stehen, Arm in Arm, uns gemeinsam betrachtend. Ich verstand das nie und es war mir körperlich immer unangenehm. Nach nur einer Sekunde wich mein Blick aus. Voller Scham musste ich zu Boden sehen. Ich habe mir vorher nie darüber Gedanken gemacht, wieso mein eigenes Spiegelbild für mich eine so große Pein darstellte. Und vor allem: nicht etwa mein Körper, mit dem jeder Mensch nun mehr oder weniger zufrieden ist, sondern nein, mein Gesicht, mit dem ich eigentlich recht ordentlich in Frieden lebte, bereitete mir solche Probleme. Gerade so, als wäre ich es nicht wert, mir selbst auch nur eine Sekunde Aufmerksamkeit zu schenken.

Erst als ich Lidia Yuknavitch[4] in „Ideas worth spreading"[5] sah, wie sie über ihr Leben als „misfit" sprach, wurde mir klar, welche Hürde da zwischen mir und dem Badezimmerspiegel all die Jahre gelegen hatte. Ich war es nicht wert. Nichts. Keinen Blick, kein freundliches Wort und schon

---

[4] Geb. 1963, US-amerikanische Schriftstellerin und Professorin. Bekannt durch ihren Roman „The Chronology of Water".
[5] US-amerikanische Vortragsreihe zu den Themen Ausbildung, Wirtschaft, Unternehmertum, Selbstständigkeit, Wissenschaft und Kreativität.

gar kein Lächeln für mich selbst. Dagegen eine der schönsten Eigenschaften meines Mannes, die mich immer aufs Tiefste verstört hat, seit wir uns kennenlernten: er stellt sich bis heute vor jeden Spiegel und lächelt sich ausgiebig an. Nicht, weil er das als Erwachsener irgendwo gelesen hätte. Nicht, weil es ihm klug erscheint. Nicht, weil er besonders narzisstisch wäre, sondern weil er sich das – zu seinem Glück – als kleines Kind auf mysteriöse Weise angewöhnt hat. Mit zwei schwer gestörten Elternteilen (nicht nur einem, wie bei mir), waren ein Heizlüfter und ein Spiegelbild, das zurücklächelte, einige der wenigen Ressourcen für Wärme und Zuneigung, die ihm in seiner Kindheit zur Verfügung standen.

„Misfit" bedeutet so viel wie Außenseiter, Sonderling. Und der war ich. Durch meine gesamte Kindheit, durch mein gesamtes Leben hindurch. Meine Mutter brachte mir bei, dass die Welt da draußen laut und gefährlich war. Dass man Männern nicht in die Augen sehen durfte, weil sie es sonst als „Aufforderung" verstehen könnten. Und, was vielleicht am Schlimmsten war – dass sie mich nicht beschützen konnte. Sie hatte es von ihrer Mutter selbst nie erfahren und so nie gelernt. Genau wie es ihr geschehen war, gab sie mich bei Menschen ab, die harsch und unfreundlich waren, oder die ich kaum kannte. Sie ließ mich von Ärzten behandeln, die mich beschämten, und sie hatte keine Antworten für mich, wenn ich mit meinen Problemen in Beziehungen und Freundschaften zu ihr kam. Ich kann mich nicht daran erinnern, dass sie mich in den Arm genommen hätte, um mich zu trösten, als ich krank war oder einsam. Sie beschwerte sich noch viele Jahre, dass mein Bruder und ich als Kinder so schlecht geschlafen hätten und sie bis spät in die Nacht an unseren Betten saß, um uns zu beruhigen. Leider ohne Erfolg, denn in ihrer Nähe lag wenig Trost oder Ermutigung.

Eine junge Studentin war bei Nachbarn meiner Eltern in Untermiete eingezogen. Eine warmherzige, fröhliche, junge Frau. Bei ihr war ich so oft ich konnte. Sie nahm mich mit auf einen Ausflug zu einem Kinderaktionstag. Von diesem Tag gibt es ein Bild von mir, mit einer kleinen

Kochmütze und Schürze, einem Kochlöffel in der Hand, auf einem Bein um einen Topf herum hüpfend. Keine Spur von Scham oder Fremdheit ist auf diesem Foto zu sehen. Mit einer Hand halte ich meine Mütze und ein kleines stolzes Lächeln liegt auf meinem Gesicht. Unter lauter fremden Menschen – keine Spur von Angst.

„Süße" nannte mich meine Großmutter mütterlicherseits. Ich vermisse sie noch heute. Ich habe sie vor ihrem Tod nicht mehr gesehen, weil meine Mutter beschloss, dass am nächsten Tag auch noch Zeit wäre, sie zu besuchen. Einen Tag später war meine geliebte Großmutter tot. Ich fühlte mich dem Willen meiner Mutter stets verpflichtet. Anderer Meinung zu sein, wurde jahrzehntelang als Verrat geahndet.

Bei einem Besuch tauchte das Wort „süß" nun letzte Woche wieder auf. Ich habe lange gebraucht, mir darüber im Klaren zu sein, dass ich keine Erlaubnis brauche, mir Menschen auszusuchen, die ich mag. Dass ich auch ein Recht darauf habe, mir Freunde auszusuchen. Dass ich nicht nehmen muss, was man mir anbietet. Dass ich es einrichten kann, von wohlmeinenden Menschen mit guten und gütigen Herzen umgeben zu sein. Aggression und Gewalt haben mich früher erstarren lassen. Heute schrecken sie mich zum Glück ab. Ich habe lange gebraucht, um die emotionale Taubheit in dieser Hinsicht zu überwinden. Menschen, die andere Menschen beschämen, waren lange genug ein selbstverständlicher Teil meines Lebens. Erst mit dem Tod meiner Mutter konnte ich mir die Erlaubnis geben, den Orbit dieses düsteren Sterns zu verlassen.

„Misfit" – den Vortag von Lidia Yuknavitch habe ich mir im Netz heute zum fünften Mal angesehen. Und er bringt mich noch immer zum Weinen. Ihre Vergangenheit in einer schrecklichen Familie. Ihr selbstzerstörerischer Weg über die Jahre, ihr stures Festhalten an dem Glauben, nichts wert zu sein, sogar als ihr die Chance ihres Lebens direkt vor die Füße fällt. Selbsthass und mangelnder Glaube, mangelnde Eigenliebe, keine Möglichkeit, aus Situationen zu entfliehen. Keine Chance, nach Schönheit oder Glück zu greifen, auch wenn sie direkt vor ihrer Nase schwebten. Möglichkeiten über Möglichkeiten. Und doch so tröstlich zu wissen, dass in all dem immer, gleichgültig wo oder wie, Schönheit liegt. Die Schönheit einer einzelnen Existenz und der Versuch eines Lebens, wie unvollständig oder rudimentär er auch sein mag.

Die ureigene Schönheit

Letzte Woche saß ich einige Stunden am Rechner und habe die Fotodatenbank meines Mannes durchgesehen. Er fotografiert schon so lange ich ihn kenne. Nicht mit einem künstlerischen Anspruch, eher aus purer Lebensfreude. Und er nimmt oft Dinge auf, von denen ich lange nicht verstanden habe, wieso man sie fotografieren sollte. Auf diese Weise hat er in den letzten 30 Jahren tausende von Bildern angesammelt. Zunächst noch analog und als Papierabzug, inzwischen digital und nach Ereignissen geordnet.

Letzte Woche nun war ich auf der Suche nach Material, das sich innerhalb meiner Arbeit verwenden ließe. Ich arbeite als Kreative und oft nutze ich seine Fotos. Sie finden Eingang in meine Arbeit.

Trotzdem habe ich den Sinn seiner Sammlung lange nicht verstanden. Mir war schon klar, dass er als eine Art Zeuge seiner eigenen Existenz unterwegs ist. Um sich immer wieder zu vergewissern, dass er wirklich und wahrhaftig am Leben ist. Dass all diese Dinge, ob nun wunderbar oder katastrophal, tatsächlich ihm geschehen. Als meine Mutter gestorben war, habe ich sein Bedürfnis zum ersten Mal geteilt. Ich bat meinen Bruder, ein Foto meiner Mutter auf ihrem Totenbett zu machen. Was früher gang und gäbe war, empfand er im Hier und Jetzt als makaber und geschmacklos. Aber ich blieb bei meiner Bitte, um mir das Bild irgendwann ansehen zu können und um mir sicher zu sein: Es gab sie einmal, sie war da und nun war sie gegangen. Stilles Zeugnis eben jenes Mittags, an dem ich sie endgültig gehen lassen musste. Zum letzten Mal ihre Hand halten. Zum letzten Mal ihre Haut spüren. Erst da wurde mir klar, wie gerne ich sie berührte. Die letzten 20 Jahre war mir dies kaum möglich gewesen, ohne Angst oder Widerwillen dabei zu empfinden. Dennoch – trotz dieses kurzen Moments des Verstehens, habe ich den vollen Sinn seiner Fotosammlung nie wirklich erfasst.

Letzte Woche nun also saß ich Stunde um Stunde am Rechner und habe Aufnahmen der letzten sieben Jahre unseres gemeinsamen Lebens vorüberziehen lassen. Bild für Bild. Und plötzlich war es wieder da – das Bild meines Selbst. Ich kann es auch heute noch nicht wirklich erklären. Fast ein Jahr nach dem Tod meiner Mutter betrachte ich ein Foto von mir und kann plötzlich die Schönheit darin erkennen. Meine eigene, ureigene Schönheit. Nicht eine Schönheit, wie man sie in Modemagazinen findet oder in Werbekampagnen. Sondern eine Schönheit, die die Fülle unseres Lebens beweist und den Reichtum unserer Existenz. Unabhängig davon, ob uns Wunderbares oder Schreckliches widerfahren ist. Einfach, weil es mein Leben ist. Ein Einmaliges. Eines, das ich allein gestalte und dem ich meinen Stempel aufdrücken kann, so lange ich auf dieser Erde wandle. Es war, als würde ich zum ersten Mal mein Gesicht wirklich sehen. Als könnte ich zum ersten Mal erkennen, was wir alles mit Freunden und Familie schon erlebt und durchlebt haben. Wieviel Reichtum schon hinter mir liegt und wieviel Reichtum vielleicht noch vor uns. Mein Leben. Nicht gut und nicht schlecht. Nicht perfekt und nicht verloren. Einfach ein Leben, das ganz allein mir gehört und sonst keinem. Über das ich frei verfügen kann. Endlich, endlich, habe ich mein Gesicht gesehen und ich beginne zu begreifen, wer ich bin.

Gerade so, als würde man statt seines Lebens einen Blick auf den Grand Canyon werfen und zum ersten Mal begreifen, wie groß und unermesslich seine Schönheit ist. Wie schön und schrecklich die Natur zur selben Zeit. Und wie winzig unsere Existenz in all dem.

Der Mensch hinter den Augen

In einem der letzten Kapitel von „The Chronology of Water"[6] erzählt Lidia Yuknavitch von ihrem Vater, der sie als Kind missbrauchte und der im vorgerückten Alter durch einen Schlaganfall sein Gedächtnis verliert. Sie beschreibt, wie sie in der Annahme, sein altes, gewalttätiges Selbst könne sich in dieser augenscheinlich friedvollen Hülle noch irgendwo versteckt halten, stets wachsam bleibt. Ungläubig betrachtet sie ihn.

Wie seltsam vertraut mir diese Episode ist. Meine Mutter saß so still und friedlich in ihrem Rollstuhl, blickte in den Garten des Pflegeheimes hinunter, über dem eine gewaltige Blutbuche ihre Zweige ausbreitete. Vor etwa zwei Tagen hatten die Tumore in ihrem Gehirn begonnen, ihre Persönlichkeit und ihren Charakter völlig zu verändern. Sie begann Dinge zu sehen, die nicht da waren. Sessellehnen und Betteinfassungen waren plötzlich mit Beregnungsanlagen ausgestattet, die sie durchnässten. Manchmal war sie der schnellste Dampfer auf dem Ozean. Männer zielten mit Gewehren auf sie, dann hatte sie Angst. Sogar weiße Mäuse sprühten gelegentlich Wasser. Sie sprach von Buchstaben, die sie sehen konnte. Dabei blickte sie immerzu in den Garten. Und wenn sie mich ansah, erkannte ich den Menschen nicht hinter diesen Augen. Sie war so entspannt, so geduldig und sanft, wie ich sie noch nie erlebt hatte. Ausgeglichen, freundlich und gleichmütig hatte sie für einen kurzen Moment ihr persönliches Paradies erreicht. Es brach mir das Herz. Für etwa zwei Tage durfte ich einen Blick auf die Mutter werfen, die ich immer so gerne gehabt hätte. Nicht mehr der nervöse, stets wachsame Panther hinter den Gitterstäben. Ich las ihr aus Kinderbüchern vor. Sie ermüdete so schnell.

---

[6] Roman von Lidia Yuknavitch, über ihre Kindheit. Sie erzählt ihre Geschichte als Überlebende des Kindes- und Drogenmissbrauchs.

Die Revolte des Körpers

Als mir das gleichnamige Buch von Alice Miller[7] zum ersten Mal in die Hände fiel, stand ich in der Psychologieabteilung einer Buchhandlung und war kurz vor der Einweisung in eine Burnout-Klinik.

Meine Therapeutin hatte mich mit der Aussage überrascht, dass die recht harschen Forderungen meines Schwiegervaters sie an die Beschreibungen meiner eigenen Eltern aus meiner Studienzeit erinnerten. Und dass sie vermute, dass sowohl mein Mann als auch ich aus Familien mit Borderline-Strukturen stammten. Borderline? In meiner Familie? Ich wusste, dass meine Mutter ein paar Jahre mit einer Frau befreundet gewesen war, die angeblich eine Borderlinerin war. Aber sie selbst? Ich stand wie gelähmt, ließ meinen Blick über die bunten Buchrücken auf den Regalböden gleiten und suchte nach Antworten.

Wie schon viele Jahre zuvor hatte ich wieder einmal das Gefühl, in einer grauen Nebelbank zu stehen. Ein Gefühl, als stünde man in einem unsichtbaren Gebäude, hätte zwar eine Ahnung davon, wäre aber weder in der Lage den Boden, noch die Decke oder die Wände zu sehen. Ich suchte ständig nach einem Ausgang, konnte ihn aber nicht finden. Ich wusste noch nicht einmal, in welche Richtung ich gehen sollte. Alles war formlos, farblos und extrem verwirrend. Allein eines war mir klar, ich hatte immer versucht alles „richtig" zu machen. Ich hatte den Bedürfnissen meiner Mitmenschen gelauscht und sie berücksichtigt. Hatte versucht, meine Familie zu retten, meine Mutter glücklich zu machen. Meinen Freunden

---

[7] Geb. 1923, gest. 2010 in Frankreich. Polnisch-schweizerische Autorin und Psychologin. Sie hat viele kritische Bücher über die Eltern-Kind Beziehung geschrieben und über den Zusammenhang von Körper und Psyche. Unter starker Kritik der Psychoanalyse. Besonders bekannt wurde sie durch ihren Einsatz gegen Kindesmisshandlung und Kindesmissbrauch.

eine gute Freundin und meinem Mann eine gute Ehefrau zu sein. Trotzdem fühlte sich *nichts richtig* an. Das einzige, dessen ich mir ganz sicher war, war das Gefühl, schon seit geraumer Zeit mit dem Rücken zur Wand zu stehen. Ich wurde von allen unter Druck gesetzt und wusste nicht, warum. Meinem Umfeld schien es mehr und mehr egal zu sein, dass ich versuchte, es allen Recht zu machen. Nichts war je gut genug. Kein Zuhören, kein Einsatz selbstlos genug; kein tröstendes Wort ausreichend. Früher fühlte ich mich oft als graue Maus, inzwischen hatte ich den Eindruck, gläsern zu sein. Da ich die Wand in meinem Rücken nicht überwinden konnte, begann ich einfach, mich aufzulösen. Ich hatte keine Gefühle mehr, keine Wünsche, kaum Motivationen, keine Bedürfnisse.

In jener Buchhandlung nun, an jenem Mittag fiel mir ein Buch in die Hände, das meinen Blickwinkel zum ersten Mal nachhaltig verändern sollte: „Die Revolte des Körpers"[8] von Alice Miller. Ich schleppte es eine ganze Woche mit mir herum und konnte keine Ruhe finden, bis ich es gelesen hatte. Meine Therapeutin kommentierte das Buch mit der Bemerkung, dass der Sohn von Alice Miller später ein Buch veröffentlichte, um seine Abrechnung mit einer unerreichbaren Mutter zu schreiben. Für mich schrieb Miller aus Sicht ihrer eigenen Kindheit und aus der Sicht vieler ihrer Patientinnen und Patienten. Das sie, als Kind mit großen Defiziten, später keine perfekte Mutter sein würde, erschien mir offensichtlich. Das Buch erschien 2004 in erster Auflage, was mich jetzt, wo ich es nachlese, erschreckt. Miller beschreibt das Erscheinen des Buches als Skandal. Ich hatte erwartet, dass das Buch schon seit 1980 oder noch früher auf dem Markt sei.

Die zentrale These in ihrem Buch stellt das vierte christliche Gebot in Frage: „Ehre deinen Vater und deine Mutter". Und sie weist besonders

---

[8] Buch von Alice Miller aus dem Jahre 2004 über den Zusammenhang von Psyche und Körper und die Folgen von Kindheitstraumata.

auf die Drohung hin, die der Zusatz des Gebotes enthält: „damit du lange lebest in dem Land, das der Herr, dein Gott, dir gibt."

Was mich ungeheuer faszinierte waren die vielen Biographien bekannter Schriftsteller, die sie untersucht hatte. Deren familiären Kontext, die Lebensführung, die körperliche und geistige Gesundheit. Sie schreibt, sie habe mit Historikern zusammengearbeitet, die ihr Material zur Verfügung stellten, das zwar bekannt war, aber bis zu diesem Zeitpunkt als völlig bedeutungslos galt. Viele dieser Literaten zogen sich in ihr Schreiben zurück, wie in einen schützenden Kokon. Eine Kunstwelt, in der die eigenen Gesetze und Regeln galten. In der man etwas, wenigstens ein kleines Glück, für eine begrenzte Zeit finden konnte. Später zeigen diese Lebensgeschichten auffällig viele Parallelen. Kein Aufbegehren gegen die eigenen Eltern, ein verschleierter Blick auf die Tatsachen. Oft eine schwere körperliche Erkrankung, ein früher Tod oder Suizid.

Ich horchte auf. Diesen Rückzug kannte ich gut und auch das Aufbegehren des Körpers hatte mir in den letzten Jahren immer öfter zu schaffen gemacht. Millers These, dass all diese Menschen den Glauben an ihre „guten Eltern" mit ihrer Gesundheit und letztlich oft einem frühen Tod bezahlt hatten, schien mir angesichts meiner eigenen Geschichte plötzlich glaubwürdig.

Ich dachte an jenen Mittag mit meiner Mutter im Park. Eine Heilpraktikerin hatte mir empfohlen, mit meiner Mutter über den Tag meiner Geburt zu sprechen. Wir machten uns zwischen Rosenbüschen, Weiß- und Sauerdorn auf den Weg, obwohl ich schon seit geraumer Zeit unter heftiger Muskelschwäche litt, unter Kurzatmigkeit und Schmerzen in den Füßen. An diesem Mittag jedoch sollten sich die Schmerzen so sehr verstärken, dass ich beinahe nicht mehr in der Lage war, die nötigen 30 Minuten zum Auto zurückzugehen. Mein Gang war krumm und gebeugt, die Bewegungen meiner Beine unrund und ich hatte das Gefühl, mich mehr und mehr in Victor Hugos Glöckner von Notre-Dame zu verwandeln. Sogar meine Mutter erschrak über meinen Zustand, obwohl sie zu diesem

Zeitpunkt schon über neun Jahre schwer krebskrank war und für die Leiden anderer Menschen oft kein besonderes Mitgefühl mehr empfinden konnte. Ich weiß nicht, worauf ich gehofft hatte, denn sie erzählte mir eigentlich nichts über meine Geburt. Nur, dass sie im Krankenhaus gewesen sei, dass man sie mit meinem Vater zum Treppenlaufen geschickt habe, weil die Wehen nicht einsetzen wollten, dass ich ein paar Stunden später auf die Welt gekommen sei. Alles normal, keine besonderen Ereignisse. Es war, als berichte sie von einem Gang auf den Bahnhof in vier Sätzen. Emotionslos und gleichgültig. Nichts zeigte, dass dies ein besonderer Tag in ihrem Leben gewesen war. Sie konnte mir nichts erzählen über die Menschen, die sie dort umgaben, oder wo sich mein Vater aufhielt während der Geburt. Wie es gewesen war, als sie mich das erste Mal in den Arm geschlossen hatte. Wer sie im Krankenhaus besuchte. Nichts. Dies fällt mir aber jetzt erst auf, wie ich hier sitze und schreibe. Mir wurde an jenem Mittag plötzlich klar: Meine Mutter würde niemals in der Lage sein, so etwas zu sagen wie: „Du warst ein hübsches Baby!" oder „Du warst ein so liebes Baby, du hast kaum geweint!". Sie berichtete von meiner Geburt wie von einer statistischen Wahrscheinlichkeitsrechnung. Zahlen und Daten, das war ihre Welt. Wenn ich denke, mit welcher Freude und Akribie sie oft ihre Reisen fotografierte und darüber berichtete, wird die Diskrepanz umso deutlicher.

Als ich Millers Buch las, fiel mir diese Episode wieder ein und auch meine Reaktion darauf. Ich saß damals, wieder einmal, wie gelähmt neben ihr auf der Parkbank und empfand diesen Bericht wie einen Schlag ins Gesicht. Danach konnte ich fast nicht mehr gehen und hatte die allergrößte Mühe, den Ausgang des Parks überhaupt noch zu erreichen. Vielleicht war es Zufall. Vielleicht war es das feuchte Wetter. Vielleicht auch nicht.

Eine meiner Therapeutinnen glaubt bis heute nicht, das meine körperlichen Probleme eine psychosomatische Wurzel haben könnten. Sie sagt immer, die Psyche ihrer psychosomatischen Patienten würde überhaupt nicht arbeiten. Aber davon bin ich, seit ich Alice Miller gelesen habe, nicht mehr wirklich überzeugt.

Ich weiß nur, dass ich an jenem Mittag schon ein Stück des Sterbens meiner Mutter vorweg genommen habe. Es war, als würde mir schlagartig klar, dass ich seit über 40 Jahren an einer Glasscheibe kratzte, hinter der sie sich emotional verbarg. Und dass ich sie nie würde erreichen können. Niemals. Sie war irgendwo, nur nicht bei mir. Sie war gegangen, schon vor langer Zeit.

Wenn ich mir zum Thema Selbstbewusstsein aktuelle Kurse im Netz und Bücher ansehe, wird immer gepredigt, für eine aktuelle Situation niemandem außer sich selbst die Verantwortung zu geben, weil man sonst in eine Abhängigkeit und Opferhaltung gerate. Was mir wahr erscheint und auch wieder nicht. Als ließe sich das Leben in so einfachen Formeln wiedergeben. Aber im Grunde geht es darum, uns unsere Entscheidungsfähigkeit zu erhalten, unsere Motivation und unseren Lebenswillen: „Wem man die Schuld gibt, gibt man die Macht". Aber die Wahrheit, die für mich dahinter steht, sieht in etwa so aus: Ein Psychologe, den ich in einem Interview gesehen habe, sagte, der Mensch tue alles, um sich nicht als Opfer zu fühlen. Die menschliche Psyche könne es kaum ertragen, einer Situation hilflos ausgeliefert zu sein. Er habe Interviews mit Opfern von Gewaltverbrechen geführt und festgestellt, dass eigentlich alle Betroffenen eher bereit seien, einen Teil der Schuld bei sich selbst zu suchen, als den Gedanken zuzulassen, einer Situation hilflos ausgeliefert gewesen zu sein. „Wäre ich nicht so spät in diesem Viertel unterwegs gewesen, wäre mir nichts passiert."

Die eigene Geschichte als die eines kindlichen Opfers anzunehmen, ist unglaublich schwer. Nicht nur wegen des gesellschaftlichen Tabus, sondern auch, weil es die Sicht auf die eigene Geschichte und die eigene Familie in ihren Grundfesten erschüttert. Dabei geht es mir nicht darum, aus meinen Eltern Täter zu machen – ich denke, das wird in diesen

Situationen am häufigsten falsch verstanden – sondern darum, dass die Gefühle des Kindes einen eigenen Stellenwert und eine enorme Tragweite für die zukünftige Entwicklung und Gesundheit des Menschen haben. Wohin geht mein Schmerz, der mir zugefügt wird, wenn ich ihn nicht fühlen darf? Das ist die Frage, die mich seit langem beschäftigt. Ich vermute, mein Schmerz geht in den Körper. Und produziert dort eine grundsätzliche Aggression und Wut, die sich unbemerkt ihren Weg durch mein gesamtes System, meine gesamte Existenz gefressen hat. Und ich kann nur beten, dass sie nicht zu einem späteren und absolut unpassenden Zeitpunkt oder zu einem unerwünschten Anlass wieder zum Vorschein kommt. Ich habe so lange mit Depressionen und lähmender Müdigkeit zu kämpfen gehabt, bis mir in bestimmten Situationen auffiel, dass vermutlich meine nicht gesehenen Gefühle von Wut und Widerstand mir diese Müdigkeit aufbürdeten. Ich glaube, mein Körper ist es im wahrsten Sinn des Wortes irgendwann müde, wieder und wieder den Puffer zu spielen. Für Dinge, mit denen er eigentlich nichts anfangen kann und will. Vielleicht sind all diese Gefühle eigentlich Wegweiser auf einer Lebenslandkarte? Zeigen sie mir meine Wünsche, meine Grenzen? Wo wäre ich ohne sie? Vermutlich gehören sie nach Außen, als Navigationssystem, nicht ins Innere, wo sie zu nichts weiter gut sind, als eine enorme zerstörerische Kraft zu entfalten.

Der Ritter in schimmernder Rüstung

Ich habe es satt! So satt, der einzig verfügbare Hafen für jedes havarierende Schiff im Umkreis von 300 Meilen zu sein. So bin ich aufgewachsen.

Die Luft im Haus meiner Kindheit war seit jeher so dick, dass man sie mit dem Messer hätte in Scheiben schneiden können. Wenn ich zurück denke, hatte ich als Teenager vielleicht eine Phase von zwei Wochen, in der ich mit den Türen geknallt habe. Das war's. Kein Aufstand, keine Widerworte, keine Abgrenzung. Um mit den Worten meines Mannes zu fragen: „Wann hast du deinen Eltern je wirklich Sorgen oder Kummer bereitet durch schlechte Leistungen in der Schule, durch ungezogenes Verhalten, durch verfrühte Schwangerschaft, durch Herumtreiben und Vagabundieren?" Niemals.

Die Situation in unseren Elternhäusern hat eine solche Art von Widerstand nie zugelassen. Wir waren alle, Eltern wie Kinder, viel zu sehr mit dem Überleben beschäftigt. Angst prägte unseren Alltag. Gerade daher wundere ich mich, woher der Ritter gekommen sein mag, der Ritter in schimmernder Rüstung.

Als Teenager saß ich oft lange Stunden auf der Gartenmauer hinter dem Haus, unter einem alten Zwetschgenbaum und starrte abwechselnd in den Wald und auf meine Füße. Dazwischen pflückte ich Grashalme um mich herum und flocht sie zu einem kleinen Zopf. Wie ich damals darauf gekommen bin, weiß ich nicht mehr. In jedem Fall, war das Flechten des Zopfes immer vom Wunsch begleitet, dass mich jemand finden und hier herausholen möge. Mantraähnlich wiederholte ich meine Bitte und legte mir anschließend das kleine Grasgebinde in ein Regal am Kopfende meines Bettes. Vielleicht war es eine Art von Gebet. In Tibet, so habe ich einmal gelesen, berührt und dreht man Gebetsmühlen, um seinen Bitten und seiner Anrufung Gewicht zu verleihen und auch im Rosenkranz könnte man eine Art Manifestation des Gebetes sehen. In jedem Fall etwas, das uns hilft, uns zu konzentrieren und uns etwas an die Hand gibt, das unsere Wünsche und Bitten realer und fassbarer erscheinen lässt.

In meinem Zimmer also trocknete das Grasbüschelchen vor sich hin und erinnerte mich täglich an meine Bitte um einen Retter. Um einen Ritter. Jemanden, der mich verstehen würde, meine Gefühle sehen und erwidern würde, der mich aus diesem Elend hier wegholte. Zwar erlebten wir in meiner Familie keine körperliche oder sexuelle Gewalt, aber die Atmosphäre war oft so frostig und feindselig, dass man einen Teich mitten im Juli hätte gefrieren lassen können. Jeder gegen jeden. Meine Mutter kämpfte gegen ihre Mutter und meinen Vater. Mein Vater kämpfte gegen seine Schwiegermutter und seine Frau. Und alle zusammen kämpften sie gegen die Überforderung, in einem unbedachten Moment Kinder in die Welt gesetzt zu haben und gegen einen unglaublichen Tross an dominanter Großfamilie, der stets bedrohlich um diese kleine Keimzelle herumwaberte.

Leider brachte ich nicht die perfekten Voraussetzungen mit, um gerettet zu werden. Ich war ein ziemlich pummeliges Kind, ganz nach dem Bauplan meiner Mutter und beider Großmütter, die sich trotz der genetischen Offensichtlichkeit nicht beruhigen konnten über die Aussicht, kein schlankes Kind zur Welt gebracht zu haben. Sogar der Verzehr roter Johannisbeeren vom heimischen Strauch wurde von meiner Großmutter strengstens kontrolliert und stets mit ermahnend erhobenem Zeigefinger quittiert. Ich hatte also ein paar Kilos zu viel, war sehr blond, meist langhaarig und hatte eine Stupsnase, die mir in der Grundschule früh den Spitznamen Miss Piggy einbrachte. Sie erinnern sich sicher an die Muppets Show[9] in den 1980ern? Da stand ich also auf dem Schulhof: blond, mit Strickrock und stämmigen Beinen und schaute den spielenden Kindern hinterher. Immer ein wenig abseits. Immer ein wenig traurig.

Wann, so frage ich mich, ist diese Person auf den Plan getreten, die ich so lange war und die ich augenblicklich so verabscheue. Immer stark, nach außen immer gelassen? Für jedermann ein gutes Wort, ein durch und durch netter Mensch, der ganz patent in allen Lebenslagen alleine zurecht

---

[9] Zwischen 1976 und 1981 produzierte englisch-amerikanische Serie mit den Puppen von Jim Henson und Frank Oz. Die bekanntesten Figuren sind Miss Piggy, das Schwein, und Kermet, der Frosch.

kommt? Ich vermute, als ich lange genug an der Straßenkreuzung gesessen hatte und mir bewusst wurde, dass so schnell kein Held für mich vorbeikommen würde. Da bin ich selbst losgezogen, um mir eine Rüstung anmessen zu lassen. Sie hat mich geschützt und noch besser, sie stand mir verdammt gut. Sie blinkte und blitzte in der Abendsonne und wenn ich unterwegs war, machte sie ausreichend Krach, sodass meine Umgebung gezwungen war, von mir Notiz zu nehmen. Mit elf Jahren wünschte ich mir einen Radiowecker, stand morgens allein auf, machte für mich und meine Mutter Frühstück und war ein großes und vernünftiges Mädchen. Nur um dem morgendlichen Spießrutenlaufen endgültig zu entkommen. Meine Mutter hatte das Zeitmanagement leider nicht erfunden. Obwohl ihre Mutter mit im Haus wohnte und ihr sehr viel von der täglichen häuslichen Arbeit abnahm, schaffte sie es selten pünktlich aus dem Haus und zur Arbeit. Und ich war, mit ihr, immer zu spät dran. Wurde dann ordentlich dafür gescholten, meine Mitschülerinnen und Mitschüler für den gemeinsamen Schulweg zu spät abgeholt zu haben. Ich kann mich nicht erinnern, dass ich je widersprach.

So wurde ich früh selbstständig. Und als dann die Ehe meiner Eltern immer mehr Risse aufwies, wurde ich zum Notnagel meiner Mutter. Ich war stolz darauf, dass sie mich ins Vertrauen zog, stolz, dass sie meinen Rat wollte und verstand nicht, dass ich ein Kind war, ein Teenager, der selbst jede Menge gute Ratschläge und Führung gebraucht hätte. Ich war zufrieden, nützlich und hilfreich zu sein. Ich badete meine Großmutter, cremte ihr den Rücken und die Füße. Und als meine Mitschüler mit ihren Eltern das bestandene Abitur feierten, pflegte ich meine Großmutter, weil sie bei einem Gerangel mit meinen Vater auf dem Schulhof eine Treppe hinuntergefallen war. Mein Vater war außer sich vor Wut. Der Hass der beiden aufeinander war verlässlich und beständig. Der Vater einer Mitschülerin hingegen trug meine Großmutter zum Auto und ich weiß noch, dass ich über die Hilfsbereitschaft und gütige Sanftmut dieses Mannes staunte.

Nützlich, hilfreich und unterstützend zu sein, das war mein Credo bis ich 40 Jahre alt wurde. Dann ging es steil bergab. Ich musste mich der Tatsache stellen, dass es mit meinem Leben und meiner Gesundheit nicht zum Besten stand, obwohl ich all diese Jahre immer versucht hatte, alles richtig zu machen. Nicht auffallen, nicht fordern, nicht frech sein. Dienstbar und unentbehrlich. Das war das sichere Programm, mit dem ich gelernt hatte, meine Beziehungen auf Kurs zu halten und mein Überleben zu sichern.

Mit 44 Jahren erlitt ich eine Art Zusammenbruch. Ich war geistig und körperlich am Ende. Ich suchte eine Therapeutin auf, die mir unmissverständlich klar machte, dass es so nicht weitergehen könne. Seither steht meine Rüstung die meiste Zeit im Schrank. Nur manchmal überrasche ich mich selbst dabei, dass ich unversehens wieder hineingeschlüpft bin. Einfach aus Gewohnheit. Einfach, weil manches auf den ersten Blick so viel einfacher zu sein scheint. Und, weil es so schwer ist, verletzlich zu sein. Es so schwierig ist, die Ablehnung anderer zu ertragen, wenn man sich endlich zu einem „NEIN" durchgerungen hat.

Doch wenn ich mich dann umschaue, wie viele Schiffe in meinem Hafen schon wieder vor Anker gegangen sind, unbefugt natürlich, und wie reichlich Wasser, Lebensmittel und Güter aller Art an Bord geschafft werden, dann überkommt mich doch die Wut. Ein seltenes und exquisites Gefühl, dass einem in einem schwachen Moment reichlich Wind in die Segel setzt. Man kommt vom Fleck, die anderen machen respektvoll Platz. Aber die Route ist plötzlich um so vieles einsamer, als man sich das gewünscht hätte.

Aus dem Schatten treten

Sol Stein[10] schrieb in seinem Buch „Aufzucht und Pflege eines Romans"[11], er habe zu einem Freund am Telefon einmal gesagt, dass das Licht am Ende des Tunnels ein Mann sei mit einer Taschenlampe in der Hand, der ruft „Kehr um!". Das entspricht in etwa dem Rat meiner Therapeutin in Bezug auf die Wandlungsfähigkeit von Borderline-Eltern: „Behalte die Hoffnung im Auge – sie bringt dich vielleicht ins Grab."

Ich weiß, ich muss Abstand halten zur Hoffnung. Die Hoffnung, das Leben meiner Mutter zu ändern, zu bessern oder gar, sie zu retten, hat in diesem Jahr ein biologisches Ende gefunden. Und es war härter für mich als erwartet. Einer guten Freundin schrieb ich: „Wir leiden nicht nur am Verlust, sondern auch an der Erkenntnis, dass die Sehnsucht, die wir immer gefühlt haben, nun auf ewig unerfüllt bleiben wird". Aber allmählich erkenne ich, dass ich zwischen der Hoffnung für andere und der für mich selbst klar zu unterscheiden lernen muss. Was andere mit ihrem Leben anfangen, darauf habe ich herzlich wenig Einfluss. Auf mein Eigenes durchaus.

Ich glaube übrigens nicht, dass das Licht am Ende des Tunnels ein Mann mit einer Taschenlampe ist. Ich glaube viel eher, dass wir uns für den langen Weg durch einen Tunnel mit einer ausreichenden Menge von Lampen und Batterien ausrüsten sollten, um nach einer langen und schwierigen Nacht wohlbehalten und sicher am anderen Ende anzukommen.

---

[10] Geb. 1926 in Chicago. Amerikanischer Schriftsteller, Publizist und Lektor. Stein war einer der Gründungsmitglieder der „Playwrite Group", die im Actors Studio in New York organisiert waren. Er arbeitete als Herausgeber für verschiedene Verlage und publizierte die Werke zeitgenössischer Autoren. 1962 gründete er zusammen mit seiner Frau Patricia Day den Verlag Stein & Day. Im Laufe seiner Karriere spezialisierte sich Stein auf die Ausbildung junger Autoren und schrieb Bücher und Trainingsprogramme für kreatives Schreiben.
[11] Buch von Sol Stein für Jungautoren über das Schreiben von Romanen.

Wie komme ich aus der ewigen Nacht? Das ist eine Frage, die mich seit meiner Kindheit beschäftigt. In meinem Elternhaus haben wir alle Aufmerksamkeit dadurch generiert, dass wir beleidigt waren, krank waren, nicht ansprechbar und/oder dauerhaft überfordert. Das ist ein schwieriges Erbe. Als ich die ersten Stunden bei meiner Therapeutin saß und es ging mir körperlich wie seelisch schon sehr schlecht, musste ich entsetzt feststellen, dass ich mir selbst eine Art von schwerer Krankheit fast wünschte. Ich konnte mir keinen Reim darauf machen. Frau Dr. X war wieder einmal die Ruhe selbst, ganz das Gegenteil von mir, sprach mit gelassener Stimme und erklärte mir, dass dies manchmal ganz normal sei. Manchmal sei der einzige Weg aus einem zerstörerischen System der über die Krankheit.

In einem Bericht über Borderliner in Kliniken habe ich einmal gelesen, dass es unter den Insassen oft eine Art makaberen Wettbewerb gibt, wem es am schlechtesten geht. Die Mitarbeiterinnen und Mitarbeiter nennen ihre Borderliner „Queens of darkness", da die Schwärze oft auch mit einem großartigen und bühnenreifen Auftritt verbunden ist. Bei uns zu Haus nannte ich es im Stillen das Märtyrer-Spiel. „Mir geht es schlechter als dir!" Gleich gefolgt vom zweitliebsten Spiel unserer Familie „Ich weiß es besser als du!". Ich nehme mich wirklich nicht aus. Auch wenn meine Therapeutin Wochen darauf verwendete, mir klar zu machen, dass ich selbst nicht oder noch nicht ins Lager der Dunkelheit gewechselt habe, so kann ich doch einem Kommentar aus einem Fachbuch nur zustimmen, dass die Kinder die Gewohnheiten des familiären Feldes übernehmen. Und wie sollten sie das auch nicht? In der Regel erziehen uns unsere Eltern, sehen wir in ihnen unsere ersten und wichtigsten Rollenmodelle. Sie reden mit, bis sie mindestens 80 Jahre alt sind oder tot. Ich habe oft mitgemacht. Und auch heute noch, ein Jahr nachdem mein Mann und ich in unserer Ehe verstanden haben, auf welchem Nährboden wir als kleine Pflänzchen das Licht der Welt erblickten, können wir oft trotzdem nicht anders, als uns gegenseitig das Leben schwer zu machen. Mal mehr und mal weniger, versteht sich. Ich will damit nur sagen: Es ist schwer, dem

Stall zu entkommen, in dem man aufgewachsen ist. Ich glaube allerdings nicht, dass es unmöglich ist.

Ich habe in den letzten Wochen und Monaten viel über Resilienz gelesen. Diese scheinbar magischen Fähigkeiten, die Kinder ganz aus sich selbst bilden, um den Bedrohungen ihrer nächsten Umgebung zu entkommen und ihr kleines Leben zu retten. Liest man offizielle Listen, so gehört unter anderem Intelligenz, Robustheit, Energie, ein positives Temperament und auch eine künstlerische Begabung zu diesen großartigen Werkzeugen.

Über ein beeindruckendes Beispiel von Resilienz bin ich gestolpert, als ich mir nach vielen Jahren den Film „Der Pferdeflüsterer"[12] von Robert Redford[13] wieder ansah. Für die Figur des Pferdetrainers gibt es eine reale Vorlage. Dieser Mann heißt Buck Brannaman[14] und lebt in Montana, wo er Seminare hält über den Umgang mit Pferden. Ein Ausspruch, der seine Weltsicht gut veranschaulicht und mit dem er seine Seminare oft beginnt: „Ich helfe nicht Menschen mit Pferdeproblemen. Ich helfe Pferden, die Probleme mit ihren Menschen haben". Buck hatte das Pech, gemeinsam mit seinem älteren Bruder in eine Familie hineingeboren zu werden, der Fortuna nicht besonders hold war. Die Mutter starb früh und der Vater war ein gewalttätiger Trinker, der die Jungen zwang, das Lasso

---

[12] US-amerikanisches Drama aus dem Jahr 1998. Ein junges Mädchen verliert bei einem Reitunfall mit einem Lastwagen ihre beste Freundin. Sie selbst und ihr Pferd überleben, jedoch verletzt und traumatisiert. In ihrer Verzweiflung fährt die Mutter mit Tochter und Pferd nach Montana zu einem Mann, dem erstaunliche Fähigkeiten im Umgang mit Pferden nachgesagt werden. Ein Neubeginn für alle.

[13] US-amerikanischer Schauspieler und Regisseur, geb. 1936. Gründer des „Sundance Film Festivals". Zwei seiner sicher bekanntesten Rollen sind die des Tom Brooker in „Der Pferdeflüsterer" und des Denys Finch Hatton in „Jenseits von Afrika".

[14] US-amerikanischer Pferdetrainer und führender Heilpraktiker für Pferde. Er ist ein bekannter Redner und Verfechter für Tier- und Menschenrechte, der sich gegen Kindesmissbrauch und Tierquälerei einsetzt. Er war die eigentliche Inspiration für die Figur des „Tom Brooker" in Nicolas Evans Roman „der Pferdeflüsterer"(3), der mit Robert Redford in der Hauptrolle verfilmt wurde. Auch während der Filmproduktion war Buck Brannaman einer der wichtigsten Berater und für das Training der Pferde zuständig.

schwingend in Shows aufzutreten, wo die beiden als Wunderkinder präsentiert wurden. Es gab wohl eine besonders schlimme Phase in Bucks Leben, in der sein Vater jeden Abend betrunken heimkam und die Jungen verprügelte. Zum Glück wurden die schweren Misshandlungen von einem Sporttrainer der Schule entdeckt und beide Kinder bei einer Pflegefamilie untergebracht. 2011 drehte Cindy Meehl[15] eine Reportage über Buck. Ein absolut sehenswerter Film. Es ist eine solche Freude, diesen Mann nicht nur bei der Arbeit mit seinen Pferden zu sehen, sondern auch mit seiner wunderbaren Frau und seiner Tochter. Nichts in seinem Wesen scheint auf die Aggression und Gewalt hinzudeuten, der er als Kind ausgesetzt war. Aus eigener Erfahrung kann ich sagen, wie schwer es ist, der Wut und der Aggression nicht dauerhaft das Ruder zu überlassen, wenn man so lange im Schatten gestanden hat und schlecht behandelt wurde. Er hat die Dinge, die ihm widerfahren sind, in etwas umgewandelt, das ihm selbst gut tut und der Welt dient. Er hat nicht nur ein ungeheures Einfühlungsvermögen für seine Seminarteilnehmenden, sondern auch eine unglaubliche Hand für Pferde. Da er weiß, wie sich Kreaturen fühlen, die Jahre und jahrzehntelang der Angst ausgesetzt waren, hat er einen besonderen Draht zu ihnen. Ein Pferd, mit dem er eine halbe Stunde in der Reithalle gearbeitet hat, folgt ihm anschließend ohne Halfter. Seminarteilnehmende berichten, dass es in Teilen des Pferdesports bis heute üblich ist, die Tiere mit Gewalt zu brechen, um sie gefügig zu machen. Eine Sache, die ich übrigens auch bei einigen Hundehaltenden beobachte. Ein Mensch, der selbst zu lange Leid erdulden musste, wird sich vielleicht ein Ventil suchen, um eine andere Kreatur zu beherrschen. Und wenn es „nur" ein Hund ist. Und wenn es ihm nur gelingt, für zehn Minuten die Illusion aufrecht zu erhalten, dass er die Kontrolle hat. Ich verabscheue das. Ich verabscheue

---

15 US-amerikanische Filmemacherin.

es auch, wenn die Aggression ihre hässlichen Finger nach mir ausstreckt, was sie übrigens in den letzten Jahren immer wieder getan hat.

Was ich damit sagen will: Es ist eine große Kunst, aus der eigenen Lebensgeschichte die Goldbröckchen herauszupicken, die sich für den Aufbau eines Lebens – und ich meine eines wirklichen Lebens – eignen. Es ist harte Arbeit, es erfordert Disziplin und paradoxer Weise auch die Fähigkeit, an den richtigen Stellen loszulassen. Immer, wenn ich mit meiner Aggression konfrontiert bin, weiß ich, ich sollte an den Mann mit den sanften Händen denken. Was würde Buck Brannaman tun?

Vielleicht kann man die Situation, der wir in unserer Kindheit ausgesetzt waren, mit einem großen dunklen Wald vergleichen, in dem wir uns immer wieder verlaufen. Nicht nur als Kinder. Aber ich denke, es ist wichtig, sich in Erinnerung zu rufen, dass es in jedem Wald Wege, Trampelpfade und Wildwechsel gibt, die hinaus führen. Oder zumindest in Richtung des Waldrandes.

Das erste, was ich brauchte, war ein großer Baum, auf den man hinaufsteigen konnte. Um mir einen Überblick zu verschaffen. Wo bin ich? Ich stehe im Wald. Und der größte Teil meiner Familie und meiner Freunde mit mir. Gleich zu Beginn meiner Therapie sagte Frau Dr. X, dass es vorkommen könne, dass sich borderlineähnliche Strukturen auch durch Freundschaften und Berufsfelder zögen. Man habe im Laufe der Jahre eine Art Taubheit erworben, die gegen Übergriffe, Beleidigungen, Entwertungen, Beschämungen und Gewalt – welcher Art auch immer – nicht unverletzlich gemacht hätte, aber doch in einem gewissen Sinn unsensibel. Da stehen wir also alle, in einem großen, dunklen Wald und alle tun so, als wüssten sie Bescheid, wo es lang geht. Der Blinde führt den Blinden sozusagen.

Inzwischen habe ich mich mit meinem Mann daran gemacht, diesen einen großen Baum zu besteigen. Wir haben ein paar Blicke durch die dichten Blätter der Baumkrone erhascht und waren nicht erfreut darüber, was wir zu sehen bekamen. Es ist, als könne man mit einem Mal sehen, wie dürr und trocken all die Bäume sind und wie trostlos die Umgebung. Wo man noch vor zwei Wochen glaubte, direkt vor der Haustür des Zauberers von OZ zu kampieren. Was wieder einmal zeigt, wie flexibel der menschliche Geist ist und was wir uns alles glauben machen können, wenn wir nur wollen. Oder es etwa müssen.

Was ich erst langsam begreife ist, dass viele Menschen in meiner Umgebung für mich bislang gar nicht sichtbar waren. Borderliner geben oft eine so schillernde und faszinierende Persönlichkeit ab oder verfügen über solches Geschick, uns mit ihren Dramen zu fesseln, dass in unserem Sichtfeld oft gar kein Platz ist für andere Dinge. Es ist wie ein ewiges Karussell, das sich dreht und dreht. Gleichgültig, wie sehr man sich auch wünscht, man könnte aussteigen. Allein das rasante Tempo macht es schon schwierig, zu sich zu kommen, einen Fuß auf den Boden zu setzen und abzuspringen. Ich habe diesen Zustand oft als einen grauen Nebel erlebt. Man erlebt fast nur Kälte, man sehnt sich nach einem Leitsystem, das aus dem dichten Grau auftaucht und einem blinkend verkündet „Hier geht es zum Ausgang!".

Vor ein paar Wochen habe ich im Netz eine Dokumentation über zwei junge Frauen gefunden, die vor mehreren Jahren den Kontakt zu ihrer Mutter abgebrochen haben. Die Situation wurde weder bewertet noch kommentiert. Das Interessante für mich war, dass die jüngere der beiden Töchter genau meine Beschreibung verwendete. Sie sagte, sie sei seit Jahren auf Straßen unterwegs, ohne jede Form von Werten und ohne jede Navigation. Sie müsse sich jeden Weg selbst erarbeiten. Sprich, allein den Weg aus dem Wald finden. Und da sind wir wieder bei der Frage: Wie macht man das?

Ich habe mit meiner Therapie vor über einem Jahr begonnen, den Kampf mit den Dämonen aufgenommen, wie Liz Gilbert sagen würde. Und ich gebe jeden Tag mein Bestes. Ich habe viel gelesen, aber erst jetzt, wo ich beginne, darüber zu schreiben, scheinen sich die Dinge ganz langsam in der richtigen Reihenfolge wieder zusammen zu setzen.

Wenn man einen weiteren Wert in die Liste der Resilienz aufnehmen wollte, dann ist das für mich eindeutig Neugier. Vielleicht reicht auch einfaches Interesse. So lange ich denken kann, war ich bemüht, die Dinge zu verstehen, die sich um mich herum und in mir abspielten. Vielleicht ist der Nebel, den ich immer spürte, nur ein Bild für das Chaos, die Verdrehung der Welten, der Verlust der Werte und die Hoffnungslosigkeit. (Mir wurde erst spät bewusst, wie verzweifelt meine Lage wirklich war, denn als Kind kann man sich von seinen Eltern nicht scheiden lassen oder einfach ausziehen.) Aber ich hatte immer die Vorstellung, wenn ich eines Tages verstehen könnte, was da in meiner Umgebung abläuft, wieso die Dinge so beängstigend sind und wieso ich mich in vielen Situationen so völlig erstarrt fühle, in denen ich zumindest irgend eine Art von emotionaler Reaktion zeigen sollte, dann würde sich der Nebel lichten. Und im Augenblick zeigt sich, dass ich mit meiner Ahnung recht hatte. Ich kann den Raum ganz langsam sehen, in dem ich stehe. Ich beginne das Gebäude zu erahnen, in dem ich mich befinde. Und ich mache mir langsam Gedanken über den Weg, den ich einschlagen möchte. Wenn ich eines sicher sagen kann, dann besteht das größte Problem darin, dem Chaos und den emotionalen Verwirrungen zu entkommen. Genauso der Tatsache, dass man dauernd durch die Dramen anderer Menschen so sehr in Beschlag genommen ist, dass man kaum Ruhe hat und nicht zu sich selbst findet. Aus diesem Problem ergibt sich gleich ein Neues. Wenn ich selbst kein Leitsystem habe, dann laufe ich Gefahr, andere meinen Weg bestimmen zu lassen. Und glauben Sie mir, wenn sie bereit sind, die Verantwortung ab und das Steuer aus der Hand zu geben, wird sich immer jemand finden, der ihr Leben kapert und es für seine eigenen Zwecke zu nutzen weiß. Unabhängig davon, ob das nun gut für Sie ist oder nicht. Jahrelang habe ich mich mit Piraten jeder Couleur herumgeschlagen. Und was mich am meisten verwirrte, ich hatte keine Ahnung, wie sie auf mein Boot gekommen waren. Sie schienen sich unbemerkt anzuschleichen, wie Geister in der Nacht. Am Morgen standen sie plötzlich, oft ungebeten, am Steuerrad meines Segelschiffes und brüllten die Mannschaft an: „Zwei Strich Back-bord!". Und ich hatte keine Ahnung, wohin wir segelten, war am Ende sogar noch froh, dass ich keiner Meuterei zum Opfer fiel. Mit zwei Fla-schen Rum und einem Salzhering auf dürftig schwimmenden Planken dem Meer übergeben. Um es mit anderen Worten zu sagen: Furcht dominierte mein Leben. Und das wollte ich ändern. Genauso wie die Tatsache, dass ich jedem billigen Betrüger und Großsprecher hilflos ausgeliefert zu sein schien. Ich hatte nicht gelernt, mich zu schützen. Weil meine Eltern es nicht konnten. Schon als kleines Kind mit drei Monaten wurde ich Men-schen übergeben, die für die Pflege von Babys völlig ungeeignet waren und schon gar nicht über das nötige emphatische Einfühlungsvermögen verfügten.

Laut Liz Gilbert gibt es drei Sorten von Frauen – und dieses Zitat liebe ich wirklich: Mütter, Tanten und Frauen, denen man um nichts in der Welt gestatten sollte, auch nur auf drei Meter in die Nähe eines Kindes zu kommen.

Im Sturm

„Ein Baum, der fällt,
macht mehr Lärm,
als ein ganzer Wald, der wächst."
Tibetisches Sprichwort

„When you let fear control your life,
you end up at a place
that's much worse than
what you're trying to avoid."
Amber Rachdi – „My 600lb life"

So lange ich „Big Magic"[16] las und die vernünftige Stimme von Liz Gilbert[17] durch meinen Geist wanderte, beruhigte dieser sich auf wundersame Weise. Ihre rationale und pragmatische Art schien in meinem Kopf die Gänge freizumachen und auch die dunkelsten Räume mit etwas Licht zu erhellen. Als ich meine älteren Bücher über kreatives Schreiben wieder aus dem Bücherschrank nahm, Brenda Ueland[18] und Sol Steins „Aufzucht und Pflege eines Romans", änderte sich plötzlich etwas. Durch Brenda Ueland kämpfte ich mich einige Kapitel weit. Dann, heute Mittag, ganz plötzlich, stellte ich fest, dass wieder eine andere bekannte Stimme in meinem Kopf die Oberhand gewonnen hatte. Zu Anfang konnte ich nur ausmachen, dass ich mich schlecht fühlte und dass mir Pläne, die ich Tage zuvor noch begeistert geschmiedet hatte, plötzlich abwegig, übertrieben und völlig hirnrissig vorkamen. Was, wenn ich versagte? Was, wenn mir meine angeschlagene Gesundheit einen Strich durch die Rechnung machte? Was, wenn sich meine Augen weiterhin ernsthaft verschlechtern sollten? Was war geschehen? Ich war verwirrt. Bis ich sie erkannte: meine Angst! Meine eigene Angst. Meine treue Begleiterin. Allerdings war etwas neu an ihr, denn der Ton hatte sich irgendwie verändert. Etwas ferner schien sie zu sein, die Stimme. Etwas hohler im Tonfall. So, als spräche jemand durch ein Ofenrohr oder um eine Ecke herum. Hatte sie sich entfernt? Hatte ich mich entfernt? Noch nie war mir ein Blick auf meine Angst möglich gewesen. Aber hier stand ich, plötzlich zwei Schritte entfernt von etwas, das ich fürchtete wie nichts auf der Welt. Angst vor der

---

[16] Liz Gilberts sechstes Buch.

[17] Elizabeth Gilbert, geb. 1969, US-amerikanische Autorin und Schriftstellerin. Sie startete ihre Karriere als Kolumnistin, schrieb zwei Romane und wurde über Nacht weltberühmt durch die Verfilmung ihres Buches „Eat, pray, love" mit Julia Roberts. 2013 kehrte sie mit dem Roman „The Signature of all Things" zu ihren Wurzeln und den historischen Romanen zurück.

[18] Geb. 1891, gest. 1958. Amerikanische Schriftstellerin, Journalistin und Lektorin. Unterrichtete kreatives Schreiben. Es gibt kaum ein schöneres Buch über das Schreiben als „If you want to write: a Book about Art, Independence and Spirit." / „Die Lust zu schreiben".

eigenen Angst. Angst davor, dass sie wieder meinen gesamten Blick verstellen könnte, davor, dass sie mir die Luft nehmen könnte. Aber vielleicht war es auch nicht Angst vor der Angst? Je länger ich hinhörte, desto wütender wurde ich. Plötzlich fragte ich mich, wem denn nun diese Stimme wirklich gehörte, die da schon so lange Zeit in meinen inneren Korridoren auf und ab hallte. Plötzlich fragte ich mich, ob sich die Stimme nicht anhörte wie die meiner Mutter.

Meine Mutter wurde getragen von Angst. In jeder Lebenslage. Obwohl sie so vieles meisterte und so viel Schwerem in ihrem Leben stoisch die Stirn bot, wurde sie es doch nie leid, mir von ihren Ängsten zu erzählen. Von den Problemen in ihrer Ehe, von den Menschen, die sie umgaben, mit denen sie in dauernden Konflikten lebte, von ihrer Krankheit.

Seit Jahren nun kämpfe ich mit meiner Angst. Mit ihrer Angst? Nach ein paar Tagen der Ruhe ist sie offensichtlich wieder da, die vertraute Stimme, die nicht nur mich mürbe macht, sondern auch meine Umgebung. Die meinen Mann in die Flucht schlägt und Freunde Termine absagen lässt. Natürlich bin ich eine Zumutung in diesem Zustand und doch kann ich nicht aufhören zu denken, wie ungerecht das eigentlich ist. Denn ich habe mir meine Angst nicht ausgesucht, sondern sie mich. So fühlt es sich zumindest an. Und was die Sache nicht besser macht: die Angst vor der Angst. Sie vergiftet meine Ehe. Sie vergiftet mir die Freude an meinem Leben. Kaum entspanne ich mich ein wenig, biegt sie schon wieder um die Ecke und entschuldigt sich, dass sie mich so lange allein gelassen hat. „Wer zum Henker braucht dich? Verschwinde! Im Augenblick findet hier kein Erdbeben statt, kein Tsunami und auch keine Pestepidemie. Was zur Hölle also willst du? Gibt es nicht jemand anderen, dem du auf die Nerven gehen kannst?"

Seltsamerweise habe ich begonnen, mich zu fragen, woher sie denn kommt, meine Angst. Und nachdem ich sehen kann, wie sie sich hektisch vor der Tür zu meiner Vergangenheit herumdrückt, in der Sorge, ich könnte diese öffnen, vermute ich, es ist das Sinnvollste, diese Tür einmal weit aufzureißen und das Dunkel mit den eigenen Augen und geschärftem Bewusstsein zu durchforsten. Zumindest hat dieselbe Taktik geholfen, als ich mich dem Tod meiner Mutter stellen musste. Irgendwann, als ich zu erschöpft war, hab ich mich einfach fallen lassen. Bin mitten in der Nacht aufgestanden und bin in der Küche auf und ab gelaufen. Nacht für Nacht. Ließ den Schmerz über mich hinwegbranden wie eine riesige Welle. Danach kehrte Ruhe ein und ich konnte zu Bett gehen, weiter schlafen. Auch hier schien das Nachgeben, die Geduld, die weit weisere Ratgeberin, als der hoffnungslose Versuch, allem Stand zu halten. Ein chinesisches Sprichwort lautet: „Der Bambus biegt sich im Sturm, bevor er bricht".

Wann hast du begonnen und wo? In einer der Grundübungen, die ich in einem Basis-Kurs im Neuro-Linguistischen Programmieren gelernt habe, geht man in seiner Geschichte linear zurück, ähnlich einer Bahnlinie, an der verschiedene Stationen liegen. Man führt sich ein bestimmtes Gefühl vor Augen und sucht nach einer ähnlichen Qualität in der Vergangenheit. Von dort geht man weiter und weiter zurück, immer der Spur folgend, bis man an einem Punkt herauskommt, der, wenn man Glück hat, eine Geschichte parat hält, mit der man arbeiten kann. Normalerweise geschieht diese Prozedur nicht ohne Begleitung und nicht ohne Netz und doppelten Boden. Aber heute, denke ich, werde ich es einfach wagen.

In den letzten Wochen meiner Mutter war kein Platz für meine Angst. Wie so oft. Wir lebten im Notstand. Es galt, Pläne zu machen, einen Pflegeplatz zu finden, viele Telefonate zu führen, medizinische Hilfsmittel zu organisieren. Das medizinische Personal abzustimmen. Dann kam der Tod, wir hielten einen Mittag, für ein paar Stunden, den Atem an. Wir hielten inne. Die Zeit dehnte sich. Eine Zäsur in unserem Leben. Ein paar Stunden Schmerz und gleichzeitig Erleichterung fühlen. Dass ein großer Teil des Leidens nun vorüber war. Aber schon am Abend erfasste die Betriebsamkeit uns von neuem. Der Bestatter musste angerufen, die Beerdigung organisiert werden. Drei Tage nach der Beerdigung konnten mein Mann und ich doch noch unseren Urlaub im Süden antreten und wir tauchten dankbar in die harmlosen Gespräche unserer Studienreisegruppe ein. In den heilsamen Anblick des Meeres, in den Wind und die Wärme und die weiten Blicke durch die Schluchten und über das Land. In dieser Umgebung von umwerfender Schönheit war kein Platz für Angst oder Trauer. Wenn ich auch einen Mittag ins Hotel zurückkehrte, um mich auszuruhen und einen weiteren Tag am Stück verschlief. Ich schlief zwölf Stunden und die gesamte folgende Nacht. Dann kamen wir zurück und der Nachlass musste geregelt werden sowie das Haus meiner Mutter geräumt. Seit etwa zehn Tagen sind nun die Schlüssel abgegeben und auch alle anderen Dinge sind weitgehend geregelt.

Worauf ich nicht gefasst war, auch wenn es mir von Freunden angekündigt wurde, ist der Abgrund, der sich unter meinen Füßen nun auftut. Worüber ich einfach nicht hinweg komme, ist die Art, wie meine Mutter gestorben ist. Wir sprechen oft davon, dass sich ein Lebenskreis schließt, so als wäre im Sterben automatisch eine Art sinnvolles Zurückfließen in die unendlichen Möglichkeiten der Natur und des Universums enthalten. Gesehen habe ich davon nichts. Meine Mutter hat bitter gekämpft, bis zum allerletzten Atemzug. Die Krisen und Konflikte, die sie Zeit ihres Lebens mit sich herumgeschleppt hat, hat sie augenscheinlich unbewältigt mit ins Grab genommen. Ich habe wenig gespürt von Versöhnung mit dem eigenen Schicksal. Wenig Dankbarkeit für Dinge, die waren. Dies mitzuerleben, hat mich in meinen Grundfesten erschüttert. Lange habe ich als ihr Kind gehofft, dass sie ihr Glück finden möge und ihre Dämonen ihr wenigstens für kurze Zeit eine Atempause gewähren mögen. Umsonst. Ein Leben, das für sie augenscheinlich so völlig sinnlos und ohne Freude war, ins *Nichts* versinken zu sehen, das war für mich der größte Schlag. Ihr Tod war kaum weniger banal, als der Tod eines kleinen Insekts, auf das man aus Versehen getreten ist. Und da kam sie zurück, mit einem Mal, meine Angst.

In den Jahren davor lernte ich die Angst vor meinem eigenen Körper kennen. Bis heute ist nicht klar, was mit mir nicht stimmt. Zwar wurde eine Schilddrüsen-Erkrankung diagnostiziert, aber ich frage mich nach wie vor, ob dies der einzige Grund ist für zahlreiche Probleme, die ich seit Jahren habe. Was mich am meisten stresst bei der ganzen Anhäufung von Zipperlein, denen ich nun nicht den Gefallen tun werde, sie hier im Einzelnen aufzulisten, ist meine Muskulatur und ein Schmerzpegel, der mir beinahe jeden Tag Aufmerksamkeit abzieht. Seit etwa vier Jahren sitzen die Schmerzen nun hauptsächlich in den Knöcheln und halten mich, genauso wie meine müden Muskeln, oft von meinen geliebten sportlichen Tätigkeiten ab. Vom Radfahren und vom Wandern und was noch schlimmer ist, ich komme dadurch sehr viel weniger in die Natur, die für mich immer heilend und ausgleichend war, wann immer ich sie brauchte.

Ich kämpfte mit Freundschaften und Beziehungen, in die ich wenig zu passen schien. Geriet immer wieder an Menschen, die mich zunächst mächtig anzogen und von denen ich nach geraumer Zeit so schnell wie möglich wieder loskommen wollte. Ich fühlte mich emphatisch nicht gesehen, meist nicht verstanden und oft genug ausgenutzt.

Und die Ängste davor? Sie reichen über düstere Stunden in meinen ersten Berufsjahren, hinein in meine Ausbildungszeit und zurück in meine Kindheit. Als ich damals die erwähnte NLP-Übung in einer Gruppe absolvierte ging es darum, dass ich immer heftigen Horror verspürte, wenn ich mit dem Auto unterwegs war. Unter anderem auch, weil ich fürchtete, an einem Unfall vorbeizukommen und Erste Hilfe leisten zu müssen. Ich wurde nach dem vorrangigen Gefühl befragt, das mich in diesen Situationen beherrschte und ich stellte überrascht fest, dass es das Gefühl von Hilflosigkeit war. Dann machte ich mich, gemeinsam mit dem Übungsleiter, auf den Weg in die Vergangenheit. Wir gingen zurück, Station um Station und öffneten schließlich die Tür zu meinem ersten Kinderzimmer in der Wohnung meiner noch jung verheirateten Eltern. Dort stand in meiner Erinnerung ein Gitterbett mit Holzstäben, die an allen vier Enden in den Himmel zu ragen schienen und ich erinnerte mich an einen himmelblauen Schlafsack. Dort schien das Übel seinen Anfang genommen zu haben. In diesem Bett hatte ich gelegen und geschrien, aber niemand war gekommen. In einem seltenen Moment der Furchtlosigkeit, was Auseinandersetzungen mit meiner Mutter betraf, befragte ich sie zu diesem Gitterbett und sie bestätigte meine Erinnerung. Sie berichtete, man habe damals viel auf Ganzkörperschlafsäcke für Babys gegeben, weil sie an den unteren Enden mit Bändern versehen waren, die man an den Gittern festmachen konnte und so verhinderten, dass sich die Kinder im Schlaf drehten und womöglich erstickten. Später befragte ich sogar meinen Bruder nach dem Grundriss der Wohnung, weil ich immer noch hoffte, ich hätte das alles geträumt oder mir eingebildet. Er bestätigte meine Erinnerungen. Und einige Zeit darauf erfuhr ich, dass meine Eltern mich im Alter von drei Monaten bei meiner Großmutter abgegeben hatten und in Urlaub gefahren waren. Sie ließen mich bei einer Frau, die ich in den letzten Jahren ihres Lebens wirklich gehasst habe und von der ich mich nicht mehr anfassen lassen wollte. Übrigens fällt mir bei dieser Gelegenheit ein, dass meine Eltern in diesem Urlaub von Bruder und Schwägerin begleitet wurden, die ebenfalls ein Baby im gleichen Alter hatten, das ebenfalls bei der Großmutter abgegeben wurde. Mein Cousin ist nur ein paar Wochen jünger als ich. Aber ähnlich still und als Kind auch schon immer sehr furchtsam gewesen.

Aber ganz ehrlich. *So what?*[19] Was können wir denn tun gegen all diese Geschichten? Kann ich denn zurückreisen und dieses Kind aus seinem Gitterbett holen? Ich kann diese Dinge nicht ändern. Sie sind wie sie waren. Aber vielleicht hilft es, die Angst als Freund zu erkennen. Ich war als Kind in meiner Familie vielen Situationen ausgesetzt, die meine Angst oft auf den Plan riefen. Die Aggression und Wut meines Umfeldes waren meine dauernden Begleiter. Selbst Krankheit und Hilflosigkeit wurden mit

---

[19] Deutsch sinngemäß: „Na und?"

Aggression beantwortet. Ich hatte Angst, übersehen, vergessen und überfordert zu werden. Und als ich alt genug war, wurde ich eingespannt, die Ängste, Unzulänglichkeiten und Probleme meiner Familie und meiner Eltern mitzutragen und zu lösen. Ich wurde beliebig auf- und abgewertet, war oft Lieblosigkeit und Vernachlässigung ausgesetzt. Und stets bemüht, so zu tun, als wäre alles in bester Ordnung. Im großen Familienkreis und in der Schule. Ich kann mich erinnern, dass meine Großmutter väterlicherseits mich einmal zur bevorstehenden Scheidung meiner Eltern befragte. Und ich war ganz Vernunft und behauptete, dass dies für alle besser sei. Ich versuchte, sie glauben zu machen, dass alles gut sei, was es nicht war. Und ich vermute, sie hat mir keine Minute geglaubt. Viel wichtiger war aber wohl, dass ich mir selbst glaubte. Mein Mantra hieß bis vor einem Jahr: Es ist alles normal und in bester Ordnung. Sogar meinen Eltern habe ich oft erzählt, dass sie die besten Eltern der ganzen Welt wären. Was ich heute darin sehe, ist in erster Linie der Versuch, zu gefallen, mich selbst zu beruhigen und zu überleben.

Es gab also durchaus Gründe für meine Angst, allzeit über mich zu wachen. Denn, sind wir mal ehrlich, niemand sonst war da, der den Job hätte machen können. Bis heute läuft meine Angst kaum zwei Schritte hinter mir und kontrolliert jeden meiner Handgriffe und jeden zwischenmenschlichen Kontakt. Auf der Straße, bei der Arbeit, egal wo. Und wenn ich ganz ehrlich bin, muss sie ihren Job auch genauso machen. Meine Eltern hatten nicht gelernt, sich ausreichend zu schützen. Und so konnten sie es auch ihren Kindern nicht beibringen. Wieso sollte also meine Angst verschwinden? Sie verschwindet erst, wenn *ich* gelernt habe, *ihren* Job zu machen!

Bis vor einem Jahr wusste ich nicht einmal, in welcher Misere ich mich befand. Und warum ich psychisch und körperlich auf so schlechten Füßen stand. Ich wusste nur, dass ich Jahre und Jahrzehnte als grenzenlose Anstrengung empfunden hatte, immer im Kampf mit irgendetwas oder irgendjemandem.

Vor einem Jahr saß ich meiner Therapeutin gegenüber und wir sprachen einmal mehr über eine mögliche Borderline-Erkrankung meiner Mutter beziehungsweise meiner Eltern. Und sie sagte zu mir: „Ich kann es nicht mit Sicherheit sagen und es erscheint mir auch nicht wirklich professionell, eine Ferndiagnose zu stellen, aber aus der Art, wie sie sich schwer tun, sich grundsätzlich abzugrenzen, kann ich meine Rückschlüsse ziehen. Offensichtlich war es ihnen nicht gestattet, eine eigenständige Persönlichkeit auszubilden". Das war ein Schock! Denn obwohl ich mir zu diesem Zeitpunkt unter Abgrenzung noch nicht viel vorstellen konnte, wusste ich eines mit Sicherheit: Ich hatte lange Jahre darunter gelitten, dass ich meine Probleme und die meiner Mutter nicht voneinander unterscheiden konnte. Ich wusste oft nicht, wo ihr Leben endete und meines begann. Diese seltsame Vorstellung kulminierte in einer fixen Idee, dass es mir, genau wie ihr, bestimmt wäre, allein und verlassen zu sterben. Geschieden zu werden, keine Freunde zu haben, keine Freude in meinem Leben zu finden. Ja, wenn ich über ihren und damit natürlich auch meinen Tod nachdachte, sah ich uns unter einer Brücke liegen, im Regen, besser noch im Rinnstein. Ganz allein, kümmerlich und verlassen. Und wenn ich nun merke, was dieses Bild in mir wachruft, sogar vier Monate nach ihrem Tod, wie es mir Eisschauer über die Arme jagt und einen Knoten im meinem Magen bildet, kann ich selbst zum ersten Mal verstehen, in welcher Welt der Trostlosigkeit und Einsamkeit ich all die Jahr gelebt haben muss.

Sie können sich mein Erstaunen vorstellen, als ich tatsächlich neben ihrem Grab stand und Mensch um Mensch an uns vorbeizog. Wir so viele Hände schüttelten, wir in die Arme genommen wurden und so viele ihre Erinnerungen mit uns teilten. Schulfreundinnen- und -freunde, die ich noch nie gesehen hatte, frühere Geschäftskolleginnen und -kollegen, Familienmitglieder aus Nah und Fern. Viele hatten Kontakt gehalten, waren vorbeigekommen, hatten sie angerufen, besucht oder zu Treffen abgeholt. Viele kannte ich gar nicht, hatte sie noch nie gesehen.

In Borderline-Systemen gibt es, laut Fachbüchern, oft die Tendenz der Erkrankten, ihre direkten, stützenden Bezugspersonen vom sozialen Umfeld abzuspalten. Wir konnten dies perfekt bei meinem Schwiegervater beobachten, aber ich bin lange Zeit nicht auf die Idee gekommen, dass mir mit meiner Mutter das Gleiche passiert sein könnte.

Doch zurück zur Angst. Erst vor etwa einem Jahr, mit Hilfe meiner Therapeutin, begann ich einen Überblick zu gewinnen über das System, in dem ich mich befand; begann ich mich zu fragen, was es denn bedeutet, wenn jemand sich gut abgrenzen kann; wie Beziehungen aussehen, in denen jeder als Individuum beachtet und gefördert wird. Tatsache war, ich wusste es nicht. Ich weiß es bis heute nicht mit Sicherheit und Abgrenzung wird noch ein Thema sein, das ist ganz gewiss. Wichtig ist heute nur die Einsicht, so lange ich meinen Job in dieser Angelegenheit nicht mache, wird meine Angst jede Aktivität hysterisch überwachen. Und wenn ich dies nun aus meinem neu gewonnen Blickwinkel betrachte, muss ich sagen, sie hat auch jedes Recht dazu. Denn ich bin offensichtlich nicht in der Lage, wirklich auf mich aufzupassen. An guten Tagen sage ich mir: „Man muss sich nicht alles bieten lassen!“, und fünf Minuten später: „Oder doch?“.

Wenn ich früher eigene Wünsche äußerte oder anderer Meinung war, konnte ich sicher sein, dass meine Mutter diese Unart mit einem mehrtägigen Schweigen bestrafte. Damit hatte sie mich ziemlich gut in der Hand. Ich fühlte mich oft allein. Fühlte mich weder meinem Bruder, meinem Vater, noch meiner Großmutter wirklich nahe. Sie erzählte mir oft und gern, wie neidisch sie und mein Bruder auf mich wären und wie unzuverlässig und verlogen mein Vater. Und wenn dann der einzig emotionale Funke, der mir blieb, auch noch entzogen wurde, ging ich sofort in die Knie. Ich tat, was sie wollte, um in Gnade wieder aufgenommen zu sein. Um nicht allein zu sein.

Die eigenen Grenzen genau zu kennen und die der anderen zu respektieren scheint mir die größte Herausforderung bis heute in meinen zwischenmenschlichen Beziehungen. Mich nicht einsam zu fühlen, wenn jemand geht oder wenn jemand mich nicht zu verstehen scheint, das ist bis heute eine enorme Aufgabe.

Seit ein paar Wochen nun habe ich angefangen, zögerlich zuerst, aber dennoch beständig, an meinen eigenen Grenzen zu patrouillieren. Ich befinde mich die meiste Zeit auf unbekanntem Gelände. Ich vermesse, mache Fotos, treffe mich mit Menschen dort und sehe, wie es mir ergeht. Aber es ist klar, bevor man etwas sinnvoll verteidigen kann, muss man das Gelände kennen. Also kartographiere ich weiter und übe mich in Geduld. Irgendwann bin ich dann hoffentlich so weit, dass ich den Stacheldraht entfernen kann, der überall mannshoch die Landschaft verschandelt. Und der nächste Schritt wird vielleicht sein, kleine Grenzhäuschen zu errichten und den Menschen, zumindest für einige Zeit und mit Ausweis, die Einreise zu gestatten. Vielleicht werde ich dann auch aufhören können, die Waffe dauernd im Anschlag zu halten. Wichtig ist, für mich zu wissen: Meine Angst war lange Zeit meine beste Freundin. Sie hat einen Job gemacht, der mich am Leben gehalten hat. Jetzt muss sie lernen, mir zu vertrauen, aber was noch viel wichtiger ist: Ich muss lernen, mich des Vertrauens würdig zu erweisen. Ich muss fühlen, was ich nicht mag. Was mich in meiner Selbstachtung herabsetzt, was meinen Bedürfnissen zuwider läuft. Zu *merken* ist manchmal die schwierigste und in letzter Zeit oft auch schmerzlichste Aufgabe überhaupt. Aber sie ist unerlässlich. Lerne, dich zu schützen, oder deine Angst wird weiterhin diesen Job erledigen. Sei tapfer, mach den Mund auf, ecke an, trau dich, deine Meinung zu äußern, verteidige deine Werte, erniedrige dich nicht, um Mitleid zu erheischen. Sei dir treu. Oder die Angst wird weiterhin dein Leben regieren. Erst wenn sie dir vertraut, wenn sie glaubt, dass du deinen Job gut machst, dass du zurechtkommst, wird sie sich Urlaub nehmen und, wenn du Glück hast, einige Zeit verschwinden.

Das würde auch erklären, warum meine Angst so wuchs, als ich mich in einer Arbeitsbeziehung mit einer extrem schwierigen Frau wiederfand. Jede ihrer Aktionen zielte darauf ab, mich in meinem Tun zu verunsichern. Mir zu sagen, dass ich die Dinge ohne sie nicht regeln konnte. Dass meine Werte nicht in Ordnung waren. Dass ich nicht die Weitsicht und Intelligenz besaß, eigene Entscheidungen zu fällen. Nichts von dem, was ich tat, war je gut genug. Und nichts von dem, was ich sagte, hätte diese Person je zufrieden gestellt. Zeit zu gehen. Zeit, zu alter Kraft zurück zu finden. Zeit, die Gespenster aus dem Schloss zu werfen. Zeit, sich zu sagen: *„Ich kann!"*.

Ich konnte es und ich kann es immer noch. Ich habe immer einen Weg gefunden, ich werde wieder einen Weg finden. Ich bin lebend meinem Elternhaus entkommen, ich überlebe *jetzt*. Mit meiner Angst.

Vor vielen Jahren absolvierte ich einen Kurs in einer wunderbaren Volkshochschule in einem alten Kloster. Ich hatte beschlossen, mich eine Woche mit der Technik japanischer Tuschmalerei zu beschäftigen, was mir großen Spaß machte. Am Ende der Woche ging es daran, Siegel zu schnitzen, mit denen wir unsere Werke signieren sollten. Und unsere Leiterin verteilte nicht nur den Speckstein, um die Siegel zu schneiden, sondern auch einen Namen für jeden, der in das Siegel eingegraben werden sollte. Mein Siegel besagte „Ich habe jungen Bambus in meinem Herzen". Ein Bild, das für mich für ein Übermaß an Energie und Widerstandsfähigkeit sowie purer Freude am Leben steht. Ich sollte öfter daran denken. Sie mögen in den letzten Jahren versucht haben, mir die Flügel zu stutzen, aber an den Bambuswald in meinem Herzen, an den hat keiner Hand gelegt.

Über Außenseiter und Fehlbesetzungen

> „Sogar in Eurem größten Versagen,
> kann ich Eure Schönheit sehen."
> Lidia Yuknavitch

Die US-amerikanische Autorin Lidia Yuknavitch wurde 2016 in eine Vortragsreihe eingeladen, um ihre Arbeit vorzustellen. Sie spricht dort über ihr eigenes Leben als „misfit". Als einer der Menschen, die sich selbst als Sonderlinge, als Außenseiter betrachten. Sie beschreibt sich selbst als Überlebende eines hoch missbräuchlichen Familiensystems. In ihrem Vortrag spricht sie darüber, wie lange sie gebraucht hat, um aus dem Schatten ihrer Vergangenheit ins Licht zu treten. Nachdem sie ihrem Elternhaus entkommen war, verlor sie ihr erstes Kind, wurde drogenabhängig und lebte einige Zeit auf Parkbänken. Ich hörte ihren Vortrag mit Heißhunger und stellte am Ende erstaunt fest, dass mir Tränen über die Wangen liefen. Yuknavitch spricht davon, wie sehr sie fühlte, „nicht dazu zu gehören", obwohl sie zu einer Konferenz in New York eingeladen worden war. Ihr beschädigtes Selbstwertgefühl hinderte sie zwar nicht daran, teilzunehmen, dennoch beschreibt sie, nicht in der Lage gewesen zu sein, die helfenden Hände, die ihr angeboten wurden, zu greifen. Sie fliegt ohne Verleger, ohne Vertrag und ohne Agenten nach Hause, obwohl sie unter den angesehensten des Landes hätte wählen können. Das Gefühl, all dies nicht zu verdienen, es schlicht nicht wert zu sein, lässt sie in wichtigen Gesprächen verstummen. Unter Tränen flüchtet sie aus Treffen mit Verlegern und Agenten. Sie stiehlt an diesem Wochenende drei Tischtücher und eine Menükarte. Sie möchte ein Andenken besitzen an die zwei Tage, die sie in der Gesellschaft so erfolgreicher Menschen verbringen durfte. Dass sie, wenn auch nur für kurze Zeit, an der Tafel der Schönheit und des Überflusses saß.

Als ich darüber nachdachte, was mich daran so bewegte, fielen mir schlagartig so viele Chancen ein, die ich hatte achtlos verstreichen lassen. Wie oft hatte ich mich beklagt, dass das Universum mich vergessen zu haben schien. Und doch, wenn ich es genau betrachtete, war ich es oft auch selbst, die die Geschenke des Universums ungeöffnet zurücksandte und das Schicksal mit Nichtachtung strafte: Eine reizende Frau bei mir am Esstisch, in einem kleinen Lokal an der Binnenalster, die mich fragt, ob ich nicht Lust hätte, ihr meine Mappe zu zeigen. Sie arbeitet in Hamburg für eine Werbeagentur und will meine Illustrationen sehen. Ich erkläre ihr rund heraus, dass ich für Agenturen nicht arbeite. Ein begabter Grafiker, der in einer großen Agentur in München arbeitet, bietet sich ebenfalls an, meine Mappe weiterzureichen. Ich habe ihm nie etwas gegeben. Ein wirklich freundlicher Professor an der Akademie nimmt sich Zeit, meine Arbeiten zu besprechen. Und weil ich mich im Grunde für nicht würdig halte, gehe ich zu keinem weiteren Termin. Ich schreibe mich an der Akademie für ein Fach ein, riskiere eine Exmatrikulierung, um in einen anderen Bereich zu wechseln, werde aber auch hier nie sesshaft. Stattdessen beschäftige ich mich mit Film, ohne allerdings je die Ratschläge des zuständigen Werkstattleiters zu beherzigen und hänge schließlich in den Klassen der Malerinnen und Maler herum. Meine Abschlussarbeit hat mit keinem meiner Studienfächer etwas zu tun. Dafür erstelle ich eine Art Installation und halte einen Vortrag, alles völlig kontextfremd. Ich bringe alle Energie ein, die ich habe. Und am Präsentationstag baue ich einfach nicht auf, weil ich den Raum nicht bekommen kann, den ich eigentlich will. Viele Galeristinnen und Galeristen kommen zum Rundgang an die Akademie und ich entschließe mich einfach, nichts zu zeigen und zu Hause zu bleiben.

Ich könnte diese Liste vermutlich endlos fortsetzen. Ich bin oft nicht da, halte mich hinter der Bühne auf und habe Angst davor, was die Leute über mich sagen und denken könnten. Bis dahin hatte ich nie einen

Zusammenhang gesehen, zwischen der Art, wie ich aufgewachsen bin, und meinem Verhalten.

Still Faces

Als ich das Video das erste Mal sah, in dem der Psychologe Edward Tronick seine Forschungsarbeit vorstellt, war ich fassungslos. Auch nach vielen Gesprächen konnte ich einfach nicht begreifen, was zum Henker mit mir falsch gelaufen war. Meine Therapeutin hatte mich daher mit seiner Arbeit bekannt gemacht. Nun saß ich also vor einem Video, das Edward Tronicks Forschungsarbeit zeigte, und sah den Härchen auf meinen Unterarmen dabei zu, wie sie sich aufstellten.

Tronick geht in seinen Studien der Frage nach, inwieweit ein Säugling mit seiner Umgebung interagiert. Im Besonderen, wie existentiell die Bindung des Kindes an seine Mutter ist. Im Netz sind mehrere Videos zu finden, die Mütter zu Beginn der Versuchsreihe in einer entspannten Situation mit ihren Kindern zeigen. Sie gehen auf die Kinder ein, spielen mit ihnen. Geben eine emotional angemessene Antwort mit ihrer Stimme und Intonation. Laut Anweisung wechselt die Szene dann abrupt. Die Mütter präsentieren ihren Kindern ein völlig emotionsloses Gesicht. Tronicks sogenannte „still faces". Sie zeigen keinerlei emotionale Regung und keinerlei Reaktion auf ihre Kinder. Die Auswirkungen sind unmittelbar und dramatisch, obwohl die Kinder zunächst gar nicht begreifen, wie sie auf die neue Situation reagieren sollen. Die allermeisten beobachten erst, reagieren dann mit offenkundiger Verwirrung. In einer zweiten Phase werden sie laut, starten eine Charmeoffensive. Versuchen mit allen Mitteln, die Aufmerksamkeit der Mütter zurückzugewinnen. Bleibt dies erfolglos, folgen in schneller Reihe emotionale Reaktionen wie: Kummer, Zorn, Verzweiflung und dann, je nach Kind, entweder totale Aufgabe (Tronick beschreibt es mit dem Satz „they dramatically fall apart") oder offener Aggression gegenüber der Mutter. Sobald die Mütter jedoch wieder in Kontakt mit ihren Kindern treten, (was in den gezeigten, gesunden Beziehungen zum Glück kein Problem ist), ist der Spuk innerhalb weniger Sekunden vorüber.

Als ich die Sequenzen wieder und wieder ablaufen lies, konnte ich deutlich meine eigene heftige Verzweiflung spüren. Mir wurde klar, dass ich nicht nur als Kind, sondern auch als Erwachsene vermutlich alles tun würde, um ein solches Elend nie wieder fühlen zu müssen.

Tronick nennt es „the good, the bad and the ugly". „Good" ist in Anbindung mit dem Baby zu sein. „Bad" ist, wenn die Anbindung misslingt. „The Ugly" ist, wenn die Anbindung dauerhaft misslingt, die Mutter dem Kind zudem keinerlei Chance lässt, wenn sie so stark beeinträchtigt ist, dass eine Kommunikation dauerhaft fehlschlägt und das Kind ohne jede Bindung zurück bleibt. Allein seinen Ängsten, seinem Zorn und seiner Not überlassen. Eine lebensbedrohliche Situation, ohne Ausweg.

Sogenannte „still faces" sind, nach Tronick, bei Müttern zu finden, die unter schweren Depressionen leiden und/oder als Kinder selbst traumatischen Erfahrungen ausgesetzt waren.

Ich begann ganz langsam zu begreifen, zum allerersten Mal in meinem Leben. Ich sah in diesen Babys nicht nur mein eigenes Schicksal, sondern auch das meiner Mutter. Und was vielleicht am Wichtigsten ist, ich erkannte, dass eine Bindung im Falle einer Beschädigung durch Nichts und Niemanden auf der Welt ersetzt werden konnte. Genau so hatte ich es erlebt. Ich hätte meiner Mutter freiwillig meinen Kopf auf einem Silbertablett servieren können, es hätte die Dinge, die ihr geschehen waren, nicht ungeschehen gemacht. Schlimmer! Ich erkannte, dass alle meine Bemühungen völlig sinnlos gewesen waren. Dass der Versuch, meine Mutter zu retten, sie zurückzugewinnen, mich ins Verderben gerissen hatte. Mir auch die letzte Kraft nahm, die ich noch in der Lage war, aufzubringen.

Und das alles wofür? Die Kraft aus fünf Leben hätte dieses Unglück nicht ungeschehen machen können, hätte diesen Schaden nicht wieder beheben können. Ich verstand zum allerersten Mal, wieso sie sich vollständig in sich selbst zurückgezogen hatte. Wieso sie unerreichbar war, für alle Zeiten. Eingesperrt in einer selbst konstruierten Rettungskapsel, die jeden wirklichen, emotionalen Kontakt zur Außenwelt nachhaltig unterband.

Edward Tronick lehrte mich zu akzeptieren, dass es für meine Mutter nie eine mögliche Rettung durch Dritte gegeben hatte. Und dass ich nicht verantwortlich war für ihr Unglück. Mehr noch, er lehrte mich zu verstehen, dass ich meine ganze Kraft in die Rettung meiner selbst investieren musste. Und dass das Gefühl, das ich jahrelang gehabt hatte, dass ich unter Umständen das Schicksal meiner Mutter würde teilen müssen, gar nicht so verkehrt gewesen war. Durch diese Art der Interaktion sind viele von uns auf Gedeih und Verderb als Babys und als Kinder zunächst an das Schicksal unserer Mütter gebunden.

Ich habe lange gebraucht, die Ergebnisse von Edward Tronicks Untersuchungen zu akzeptieren. Als ich es tat, war die nächste Frage „Was nun?". Mein Mann hätte an dieser Stelle einen seiner Lieblings-sätze angebracht: „Wie schrecklich ist Wissen, wenn es dem Wissenden keinen Gewinn bringt?".

Mein erster Gewinn war, dass ich mich stückweise von meiner Angst verabschieden konnte und von der Verwirrung. Was geschehen ist, lässt sich für mich inzwischen in Kategorien einteilen. Ich kann die Probleme endlich klar sehen und ihnen einen Namen geben. Dadurch habe ich vielleicht eine Chance auf Integration in mein Leben und eine Chance auf mehr Normalität. Wie die Theologin Helga Kohler-Spiegel[20] in der Vortragsreihe „Wissen fürs Leben" so schön sagt: „Wenn das Häschen und

---

[20] Geb. 1962, österreichische Theologin und Professorin für Religionspädagogik.

der Denker wieder zusammenarbeiten, haben wir auch wieder eine Chance, die Kontrolle über unsere Gefühle und über unser Leben zurückzugewinnen". Sie erklärt in einem Vortrag über kindliche Traumaerfahrungen anschaulich, was in einer akuten Stressphase passiert. Emotion und kognitives Erfassen fallen auseinander. Die emotionale Reaktion, das Bauchgefühl, läuft viel schneller ab, als wir es mit dem Verstand erfassen können. Sie ist dafür zuständig, instinktiv für unsere Sicherheit und Unversehrtheit zu sorgen. Zum Vorschein kommt in einer solchen Notsituation das Urtier, das drei Möglichkeiten hat: kämpfen, fliehen oder sich tot stellen.

Seither verstehe ich, wieso ich in bestimmten Situationen, vor allem im Zusammensein mit Menschen, die ich als aggressiv und bedrohlich erlebe, oft in eine Art Starre falle; mir nicht mehr einfällt, was ich erwidern könnte, ich wie betäubt bin, ohne es bewusst zu wollen. Obwohl ich weiß, dass ich nicht auf den Kopf gefallen bin. Obwohl es Zeiten gibt, in denen sich Freunde unter meinen schlagfertigen Antworten vor Lachen biegen. Aber im Kontakt mit (für mich subjektiv) bedrohlichen oder aggressiven Menschen stellt mein innerer Hase sich tot. Ich begann zu verstehen, dass meine emotionale Reaktion, innerhalb eines Notfallprogramms, meine kognitive Handlungsfähigkeit blockiert.

Der dritte Vortrag, der mich in dieser Frage weiterbrachte, war der Vortrag von Professor Franz Ruppert[21], der innerhalb der gleichen Reihe über die von ihm entwickelte Theorie des Symbiosetraumas referierte. Eigentlich beschreibt er aus anderer Sicht Tronicks Erkenntnisse. „Wenn ich als Kind eine solche Beschädigung erfahre, ist oftmals der Auslöser in der Bindung zur Mutter zu suchen. Eltern, die selbst traumatische Erlebnisse durchlitten haben, geben diese Erfahrungen unter Umständen ungewollt

---

[21] Geb. 1957, einer der führenden Psychotraumatologen in Deutschland. Professor für Psychologie in München. Autor zahlreicher Bücher und Publikationen.

an ihre Kinder weiter. Schlicht durch die Tatsache, dass sie nicht in der Lage sind, mit einem Kind in einer emotional gesunden Art und Weise zu kommunizieren. Die Beschädigung aus der Vergangenheit verursacht eine neue Beschädigung in der Gegenwart. Das Drama um das Trauma ist wie ein Theaterstück, das auf wechselnden Bühnen über Jahre und Jahrzehnte wieder und wieder aufgeführt wird."

Ich wollte immer Kinder. Heute bin ich froh und traurig zugleich, dass ich diesen Schritt nie gegangen bin. Obwohl ich stets diese ursprüngliche Sehnsucht in mir gefühlt habe, war ich mir gleichzeitig felsenfest sicher, dass ich eine Art Gift in mir trug, das ich auf meine Kinder übertragen würde. Ich wollte um keinen Preis, dass eine nächste Generation mein Schicksal teilte. Heute wäre ich vielleicht weiter. Heute kenne ich die Mechanismen, die diese Prozesse in Gang setzen und unterhalten. Aber heute ist es zu spät. Inzwischen bin ich zu alt und was vielleicht noch schlimmer ist: Ich habe im Augenblick keine Kraft mehr. All meine Kraft ist in den letzten Jahren in die Dramen meiner Eltern und Schwiegereltern geflossen, in die Versuche, sie zu heilen. Und in letzter Zeit in den Versuch, mich selbst zu heilen.

Bei hellem Tageslicht betrachtet, sind die Sehnsüchte der Nacht durchaus auch mit nicht ganz einwandfreien Motiven gepaart. Ich hätte ein Kind haben wollen, um endlich die Nähe und Wärme zu fühlen, die ich bei meiner Mutter nie gefühlt habe. Eine Konstellation, die mir nur allzu bekannt sein sollte. Ein Mensch, der sich in seinem Leben allein gelassen und verletzt fühlt, sehnt sich unter Umständen nach der ultimativen Verschmelzung, nach dem Einssein, mit etwas, das „nur ihm gehört". Ich hätte mein Kind geliebt – und vermutlich ebenfalls zerstört. Und am Ende hätte es mich gehasst, weil es nicht hätte aufhören können, mich zu lieben und mich retten zu wollen.

Den eigenen Geist beobachten

Laut meiner Therapeutin kennen Borderline-Angehörige im Wesentlichen nur zwei Zustände: Den der absoluten Aufmerksamkeit, Anspannung und Übererregung und den der bodenlosen Erschöpfung. Wir übten einen neutralen Blick, das Verweilen im Moment, meine Umgebung und mich schlicht zu beobachten. Alles Denken, Werten und Urteilen in diesem erholsamen Moment auszublenden. Viel von dem, was sie mir beibrachte, erinnert mich heute an buddhistische Meditationsübungen.

Auch lange nach dem Tod meiner Mutter fiel es mir sehr schwer, diesen fortdauernden Zustand der Übererregung aufzugeben. Erst nach einiger Zeit realisierte ich, welche Szenen sich in meinem Innern abspielten. Hing ich doch lange Zeit der Illusion nach, ich wäre meine einzige und nachhaltigste Unterstützung. Nun allerdings konnte ich mit ansehen, dass sich mein Geist mir selbst gegenüber alles andere als freundlich gebärdete. Nachdem ich so lange in einem fortwährenden Klima der Angst gelebt hatte, hatte sich mein Verstand in eine Art aggressiver Oberaufseher verwandelt, der hinter jedem Baum und Strauch Totschlag, Verleumdung und Verrat witterte. Er benahm sich wie ein Fuchs, der nachts in den Hühnerstall einfällt, die Gedanken und Gefühle wie Federvieh um sich her aufscheuchend. Auch wenn es im Außen absolut still und friedlich war, herrschte in meinem Innern ein Ausnahmezustand. Ein Gefühl, als würden sich Körper und Geist über die Jahre selbst aufzehren. Heute vermute ich, dass dies eine der Ursachen meiner autoimmunen Erkrankung ist.

Was ich auch durch die Übungen erreichte, war, mich wieder mit meinen Gefühlen zu verbinden. Jahrelang war ich in Krisensituationen in eine Art Taubheit gerutscht, in eine Kaninchenstarre, wie mein Mann und ich es nannten. Eine Gefühllosigkeit, kombiniert mit einer Lähmung. Wie ein Tier auf der Flucht, das im entscheidenden Moment erstarrt und nicht mehr wegrennen kann. Wurde ich beleidigt, wusste ich nicht, was ich sagen sollte. Überschritt jemand meine persönlichen Grenzen, wusste ich

Tage später noch nicht, was ich hätte erwidern können. Ich wusste noch nicht einmal, was wirklich vor sich ging. Ich wusste nur, diese Momente fühlten sich merkwürdig an, neblig und orientierungslos. Ebenso waren sie begleitet von Angst und Grauen. Diese Zustände entwickelten sich so weit fort, dass ich auch den Zugang zu meinen körperlichen Bedürfnissen völlig verlor. Ich brauchte Tage, um festzustellen, dass ich Schmerzen hatte und woher diese kamen. Hatte ich Durst? Keine Ahnung. Verlangte mein Körper nach Bewegung? Keinen Schimmer. Alles was mir gemeldet wurde, waren Stress, Angst, Hunger und, je länger der Zustand anhielt, fortwährende Müdigkeit.

Meine Emotionen spüren zu können, ist eine meiner wichtigsten Aufgaben geworden. Kann ich spüren, dass ich traurig bin, habe ich die Chance, mich zurückzuziehen oder mich mitzuteilen. Bin ich freudig gespannt und aufmerksam, ist vielleicht ein wichtiger Teil meiner Lebensenergie dabei, wieder aus dem Winterschlaf zu erwachen.

Unsere Gefühle dienen uns als Landkarte und wehe, wir haben den Zugang zu ihnen verloren.

Mein Mann und ich lebten einige Jahre in einer Art Testphase. Wir versuchten uns in emotionaler Nivellierung. Um den Belastungen in unseren Familien Stand zu halten, versuchten wir, außer Gleichgültigkeit nichts mehr zu fühlen. Weder Erregung, noch Hoffnung oder Vorfreude. Dafür blieben uns auch die in unseren Familien häufig anzutreffenden Zustände wie Enttäuschung, Frustration und Hoffnungslosigkeit erspart. Leider ging die Rechnung nicht auf. Nachdem ich lange Zeit meine wahren Gefühle unterdrückt hatte, fühlte ich mich tot und abgestorben. Wenig konnte mich erschüttern, ohne allerdings das Grauen aus meinen Knochen zur vertreiben, dass mich schon seit Jahren befallen hatte. Ich existierte und schleppte mich fort. Ohne Hoffnung auf ein wirkliches Morgen. Weiß man nicht, dass man sich in einer Borderline-Beziehung befindet, gibt es keine Hoffnung, diese zu verlassen.

Holy Hell

Über eine Phase in meinem Leben habe bisher mit Niemandem gesprochen. Ehrlich gesagt glaube ich, ich bin immer noch nicht darüber hinweg. In diesen Schlamassel bin ich durch eine andere Art von Schlamassel geraten: Durch das stressige Ende einer beruflichen Kooperation. Ich kann mich noch gut an den Tag erinnern, als ich diese Zusammenarbeit beendete. Bis zuletzt dachte ich, ich würde beruflichen Selbstmord begehen, als ich es tat. Nach unserem Meeting, als ich das Kündigungsschreiben überreichte, hatte ich das Gefühl, ich hätte mich selbst lebend in den Weltraum hinauskatapultiert. Aber nachdem die Gefühle von Angst und Terror abgeebbt waren, fühlte ich mich plötzlich federleicht. Befreit von allem. Von allen Missgeschicken und Schrecken der Welt. Ich saß am Vormittag in einem Café, die Sonne schien durch die großen Fenster, ich bestellte Cappuccino und ein Croissant und feierte meinen Mut und meine Auferstehung.

Ich beschloss, dass sich dies nie wiederholen dürfe und der einzige Weg, dies zu bewerkstelligen, sei, an mir und meinem Selbstwert zu arbeiten. Leider rief ich nicht meine Therapeutin an, weil ein einzelner Satz von ihr aus der ersten Behandlungsphase noch fatal in meinem Kopf nachhallte: „Ihnen ist doch nichts wirklich Schlimmes passiert". Das stimmte. Ich hatte weder Drogen genommen, noch war ich alkoholabhängig. Ich hatte keine körperliche oder sexuelle Gewalt erlebt. Und doch fühlte ich mich durch und durch beschädigt.

Aber nun zu dem Schlamassel. Eine Freundin führte mich in eine Gruppe ein, die sich angeblich der Persönlichkeitsentwicklung verschrieben hatte und einer pseudo-psychologischen Technik anhing, mit der man Informationen aus einer Art omnipräsentem Bewusstseinsfeld abrufen konnte. Eine Mischung aus Hellsichtigkeit und verstärkter Intuition in ein pseudo-wissenschaftliches Mäntelchen gekleidet. Ich wünschte heute, ich könnte sagen, ich stand voll neben mir, als ich zu den ersten Treffen ging.

Oder ich hätte noch nie etwas von Sekten oder Scientologen gehört. Doch ich war nur am Ende meines Lateins, ohne Führung durch Eltern oder Familie, und griff nach dem anscheinend letzten Strohhalm, der vorüberschwamm. Ich war fasziniert. Ich begann, an mehrtägigen Seminaren teilzunehmen. Alle waren dort so offen und gefühlvoll. Endlich hatte ich die Möglichkeit, über Dinge zu sprechen, die mir schon seit Jahren im Halse quersteckten, auch wenn ich zu Anfang keinen Ton herausbrachte. Die Seminare hatten Feriencharakter und dauerten bis zu einer Woche. Umgeben von einer Traumlandschaft und blauen Bergen erlebten wir ein starkes Gefühl der Verbundenheit, alle waren in Hochstimmung. Freundschaften wurden augenscheinlich spielend geschlossen. Starke Verbindungen geknüpft. Viele wie ich waren dort gestrandet. Burnout-Kandidatinnen und -kandidaten, Verlorene, Unglückliche, Orientierungslose. Menschen, die sich einfach nach einer besseren Welt sehnten, als die, in der sie geboren waren oder in der sie augenblicklich lebten. Ich freundete mich mit vielen an. Wir schlossen Bündnisse und versprachen uns, auch über die Seminartage hinaus zu helfen und zu unterstützen. Ich genoss es, in den Runden eine gefragte Übungspartnerin zu sein. Eine Situation, die ich aus Schul- oder Studienzeiten nicht kannte.

Wieder zu Hause „betreute" ich abendelang ratlose Menschen am Telefon und verlor, all dies stemmend, neben meiner Arbeit, neben meiner Ehe, neben meinen katastrophalen familiären Beziehungen, immer weiter an Kraft. Welch Hybris. Letztendlich hatte ich der vermittelten „Technik" wenig zu verdanken, sondern allein meiner hart trainierten und inzwischen auch erschöpften Intuition, die ich im Elternhaus zum Überleben gebraucht hatte. Die Beziehungen trugen mich nicht. Außerhalb der Kurse kam schnell ans Licht, wie schwierig und hilflos die meisten von uns waren und dass ein Miteinander ohne Moderation schlicht unmöglich war. Ich zog mich immer stärker zurück, begann Kontakte mit alten Freunden zu meiden, weil sie nicht zu verstehen schienen, was ich da tat und weil ihnen nicht dieselben Dinge im Leben wichtig zu sein schienen wie mir. Ich gab sehr viel Geld für diese Kurse aus. Irgendwann allerdings verließ ich die Gruppe, völlig desillusioniert, weil ich mir am Ende genauso ausgenutzt vorkam, wie in meinen familiären Beziehungen. Wieder einmal gab der Boden unter mir nach.

So lange ich der Gruppe angehört hatte, hatte ich plötzlich wieder an Dinge glauben können wie Schicksal, Bestimmung, einen vorgegebenen Weg und an eine lenkende Kraft im Universum. Heute glaube ich, es war für mich eine Möglichkeit, an den verlorenen Glauben meiner Kindheit wieder anzuknüpfen. Aber der Weg führte mich nirgendwohin, die Beziehungen zu den Menschen enttäuschten mich erneut. Ich kam wieder mit Betrug, Manipulation, Aggression und Gefühllosigkeit in Kontakt. Damit, dass wir als Menschen menschlich sind, damit kam ich nicht zurecht. Viel schlimmer aber war, dass mir erneut der Sinn des Lebens verloren ging. Ich habe einmal von einem ähnlichen Effekt gelesen. Im ersten Roman von Mark Salzmann[22] beschreibt der Autor seine frühen Drogen- und Teenagerjahre in den USA. Ich selbst habe nie Drogen genommen. Aber seine Erfahrungen, die er auf einem guten Trip machte, waren meinen in dieser Gruppe so ähnlich. Er beschreibt, wie er nachts mit seinem Freund am Lagerfeuer liegt, flach auf dem Rücken, nachdem sie Marihuana geraucht haben. Die Baumkronen am Rande der Lichtung, auf der sie liegen, schließen sich über ihren Köpfen zu einem dichten Kreis. Und genau so, beschreibt er, habe sich der Sinn des Lebens, des Universums für ihn plötzlich angefühlt. Geschlossen, dicht, als könne er alles, seine gesamte Existenz mit den Händen greifen und jedes Element seines Lebens fände einen sinnvollen Platz in einer Art kosmischem Reigen.

Jetzt, wo ich dies schreibe, fällt mir auf, dass einer der Semiarteilnehmer innerhalb einer der großen Gemeinschaftsrunden genau diese

---

[22] Geb. 1959 in Connecticut. US-amerikanischer Schriftsteller.

Formulierung verwendete. Er war gute sechzig Jahre alt und sagte, heute verstehe er, dass alles, was er in der Vergangenheit getan habe, alle Entscheidungen, die er getroffen habe, ihn genau hierher an diesen Punkt hätten führen müssen. Und dass alles gut sei, wie es sei. Eine Art unhörbarer Seufzer ging durch den Raum, durch die ganze Runde. Wir alle wollten fühlen, was er fühlte. Wollten den Sinn sehen, den er sehen konnte.

Wie wichtig eine sinnstiftende Erfahrung im Leben ist, habe ich erst in den letzten Wochen wirklich verstanden. Wilhelm Schmidt[23] sagt in einem Vortrag: „Sinn ist wichtiger für ein erfülltes Leben, als dauerhaftes Glück." Und Frau Professorin Schnell[24] sagt, dass die menschliche Existenz ohne sinnstiftende Erfahrungen gänzlich unmöglich sei. Dass der menschliche Geist im Laufe seiner Existenz mit nichts anderem beschäftigt sei, als damit, sinnstiftende Zusammenhänge zu erstellen.

All dies konnte ich vor vier Jahren nicht beschreiben. Nicht ausdrücken. Alles was ich wusste, war, dass ich mich in einem immer-währenden Kampf befand, einer labyrinthischen Orientierungslosigkeit, aus der es keinen Ausweg zu geben schien.

Vor zwei Wochen sah ich den Dokumentarfilm „Holy Hell"[25]. Will Allen[26] beschreibt darin seine Erfahrungen in einer Gruppe, die sich „The Buddha Field" nannte. Ihr Gründer: ein charismatischer, gutaussehender Schauspieler und Tänzer, der hunderte von Menschen über Jahrzehnte in seinen Bann zog. Die Gruppe verschrieb sich der Freude am Leben, der spirituellen Erfahrung, der Nähe zu Gott. Was als Paradies beginnt, endet

---

[23] Geb. 1953, zeitgenössischer Philosoph in Deutschland.

[24] Deutsche Psychologin. Seit Oktober 2005 an der Universität Innsbruck tätig. Ihr Forschungsschwerpunkt ist die empirische Sinnforschung.

[25] US-amerikanischer Dokumentarfilm aus dem Jahr 2016, der sich mit den Erfahrungen innerhalb einer amerikanischen Sekte beschäftigt. Die Dokumentation hat für Kontroversen gesorgt. Bis heute ist nicht klar, inwieweit die Anschuldigungen bzgl. sexuellen Missbrauchs gerechtfertigt sind.

[26] Geb. 1963, amerikanischer Dokumentarfilmer. Nachdem er im Alter von 22 Jahren sein Zuhause verlassen musste, weil seine Eltern erfuhren, dass er schwul war, schloss er sich 1985 der Kommune „The Buddha Field" an.

nach über 20 Jahren in einer Katastrophe aus zerbrochenen Biographien und sexuellem Missbrauch. Was mich so ungeheuer berührte, waren die Interviews mit ehemaligen Gruppenmitgliedern. Als die Gemeinschaft zerbricht, verlieren alle ihren Glauben, ihren Lebenssinn, ihre Orientierung. Noch zehn Jahre nach dem Ende der Gemeinschaft brechen ehemalige Mitglieder vor der Kamera in Tränen aus, wenn sie darüber sprechen, wie sehr sie die anderen vermissen, eine Gemeinschaft, die für sie zu einer Familie geworden war. Der Moment, in dem ich endlich verstehen konnte, was mir selbst passiert war. Ich hatte ebenfalls Gemeinschaft erlebt in einer sektenähnlichen Gruppe, hatte diese verlassen und litt nun unter dem Entzug. Was ich wirklich unterschätzt hatte, war der Sinnverlust, der mich heimsuchte. Genauso war es dieser Gruppe von US-Amerikanerinnen und Amerikanern ergangen. Will Allen sagt im Abspann des Films, er habe Jahre gebraucht, um über diese Ereignisse hinwegzukommen, um seine Selbstachtung wiederzugewinnen. Und wie spät er erst verstanden habe, welcher Zusammenhang zwischen Menschen mit niedrigem Selbstwert und solchen mit narzisstischen Persönlichkeitsprofilen bestehe.

Es ist gefährlich, bedürftig zu sein. Und es ist gefährlich, auf der Suche zu sein nach einer Welt, die besser ist, als der Mensch, der in ihr lebt.

Über Vergebung

Als ich schließlich den Inhalt des roten Kunstledergeldbeutels auf unserem Esstisch ausgebreitet hatte, konnte ich es zuerst nicht glauben. Da lagen sie, genau wie mein Vater gesagt hatte. Ich legte das Foto neben die Briefe und betrachtete alles eingehend. Ich glaube nicht, dass es viele Fotos dieser Art von uns gibt. Auf dem Bild sind mein Vater und meine Mutter beinahe Arm in Arm zu sehen, lachend und uns Kinder auf den Knien haltend. Offensichtlich sind beide gerade dabei, irgendwelchen

Blödsinn mit uns zu veranstalten. Wir haben Spaß. Ehrlich gesagt weiß ich nicht, ob ich ein solches Foto überhaupt schon einmal gesehen habe. Ebenso wenig wie Fotos von der Hochzeit meiner Eltern. Abgesehen von zwei großen Portraitbildern. Daneben lagen die Briefe, die ich gesucht hatte. Die Ecken angebrochen, das Papier dünn und transparent. Die Linien gefüllt in einer feinen, fast mädchenhaften Schrift, mit eleganter Rechtsneigung. Ich spreche kein Italienisch. Anders als meine Mutter, die ihre letzten Lebensjahre in das Erlernen dieser Sprache investiert hat. Aber den Gruß am Ende konnte ich durchaus begreifen. Auch das Datum. Es passte alles zusammen.

Am Tag ihrer Beerdigung saß ich mit meinem Vater hier an unserem Esstisch und hörte ihm dabei zu, wie er die Wut und Frustration von zwanzig Jahren Ehe hervorwürgte. Es war in etwa so, wie wenn man einem Vogel dabei zusieht, der einen etwas zu großen Fisch gefangen hat, der den Schlund nicht recht hinunter will und der jetzt, lebensrettend, wieder an die Luft befördert werden muss. Ebenso musste ich an Vögel denken, die kleine Brocken Halbverdautes heraufwürgen, um damit ihre Jungen zu füttern. Wie waren lange Jahre mit Halbverdautem gefüttert worden. In jeder Hinsicht. Ich war trotzdem wild entschlossen, mir seine Version der Geschichte anzuhören. Ungeachtet dessen, wie meine Reaktion darauf ausfallen mochte. Nachdem er gegangen war, überkam mich schreckliche Müdigkeit. Ich versuchte zu sortieren, was ich gehört hatte, viel Erfreuliches war nicht dabei. Und beschloss dem Hinweis meines Vaters in jedem Fall nachzugehen.

Um den Zusammenhang kurz darzustellen: Meine Eltern ließen sich scheiden, als ich achtzehn Jahre alt war. Die Jahre vor der Trennung waren geprägt von Schweigen, Gezänk, dem Gezeter meiner Mutter und allgemeiner Lieblosigkeit. Mein Vater hatte ein Verhältnis mit einer jüngeren Frau begonnen. Dieses Klischee erfüllte er voll und sehr gewissenhaft. Danach jedoch kein Weiteres. Er blieb dieser Frau eisern treu und ist nun schon viele Jahre mit ihr verheiratet. Meine Mutter kam über die Trennung nie hinweg und blieb bis zu ihrer Todesstunde unerbittlich in ihrem Groll. Beide waren nie in der Lage, eine Versöhnung auszuhandeln. Besuchten mein Bruder und ich Familienfeste, konnten wir nur beten, dass einer von beiden keine Zeit haben würde oder einer von beiden einen Rückzieher machte, da der Mittag ansonsten so angenehm zu werden versprach, wie der Kaffeeplausch auf dem Nagelbrett eines Fakirs. Meine Mutter wurde nie müde, über die Verfehlungen meines Vaters zu wettern und hielt mir mehrfach vor Augen, was für ein Schaf sie doch gewesen sei, da es durchaus auch andere, sehr vielversprechende Männer in ihrem Leben gegeben hätte. Leider zeigte sich in den Jahren nach ihrer Trennung, dass sie nicht in der Lage war, einen neuen Partner zu finden. Sie erschien dem größten Teil unserer Familie als durch und durch bedauernswert und moralisch so integer wie Mutter Theresa. Eine arme, verlassene Frau, die sich für ihre Kinder aufopfert.

Bei unserem Gespräch nun berichtete mein Vater, meine Mutter habe auf einer Reise rund um den italienischen Stiefel ein Verhältnis mit einem italienischen Offizier begonnen, zu einer Zeit, als sie bereits mit meinem Vater offiziell liiert gewesen war. Man habe nach der Rückkehr darüber gesprochen, so berichtete er, und die Sache sei ausgeräumt worden. Später allerdings, als sie schon verheiratet gewesen seien und mein Bruder unterwegs war, habe er festgestellt, dass sie zu eben jenem Italiener weiterhin Kontakt unterhielt und die beiden sich Liebesbriefe schrieben. Diese Briefe hielt ich nun also offensichtlich in der Hand.

Als ich meinen Vater das sagen hörte, dachte ich im Stillen: „Wenn ich diese Briefe finde, dann Gnade ihr Gott!" Nicht, dass ich ihr das Glück nicht gegönnt hätte. Nichts auf der Welt hätte ich mir mehr gewünscht, als dauerhaftes und beständiges Glück für meine Mutter. Was ich nicht fassen konnte, war die Tatsache, dass sie uns zwanzig Jahre lang mit dem Krieg gegen meinen Vater überzogen und selbst ein Verhältnis und durchaus Geheimnisse gehabt hatte. Sie hatte mich oft erpresst. Mir gedroht, nicht mehr mit mir zu sprechen und mir ihre Zuwendung zu entziehen.

Ich spielte das Spiel mit, bis ich 40 Jahre alt wurde. Dann beschloss ich, mit meinem Vater gemeinsam in den Urlaub zu fahren und überließ meine Mutter in diesen zwei Wochen sich selbst und ihren dramatischen Ausbrüchen.

Diese Geschichte führt mir immer vor Augen, wie schlecht meine Eltern in der Pflege ihrer Beziehung waren. Was mich automatisch zu einer Frage führt, die mich in den letzten Wochen umtreibt: Wie steht es mit meinen Beziehungen? All der Streit zu Hause, all die fruchtlosen Konflikte haben in mir eine tiefe Abneigung hinterlassen gegen jede Form von Konflikt und Wut. Die einzig wirkliche Empfindung, die ich über Jahre hatte, war der Wunsch, schlicht und einfach meine Ruhe zu haben. So lebe ich bis heute immer wieder in einem einsiedlerkrebsähnlichen Zustand. Berührt mich jemand am Fuß, verschwinde ich, husch, in meiner Schale. Das wäre durchaus erträglich und ich habe diese Haltung ohne größeren Schaden über Jahre kultiviert. (Das Schlimmste, das einem passieren kann, ist, dass man sich manchmal ein wenig einsam fühlt.) Weit schlimmer ist meine Abneigung gegen jede Art von Konflikt und die stets bange Frage in meinem Hinterkopf, ob ich nun ein Recht darauf habe, meine Interessen zu verteidigen oder nicht.

Letzte Woche erst erhielt ich ein Kondolenzschreiben per Mail von einem meiner Exfreunde, von dem ich 25 Jahre nichts gehört hatte. Ich war schwer verliebt gewesen, aber dass die Beziehung nicht gerade auf gesunden Füßen stand, das dämmerte mir schon damals. Er war oft aufbrausend und unberechenbar. Hatte für meine Schwächen und Einschränkungen wenig Verständnis und schien es regelrecht zu genießen, wenn er mich beschämen oder bloßstellen konnte. Ich erinnere mich, dass er nach einem Schäferstündchen wutschnaubend aufsprang, seine Hose griff und den Raum verließ, weil er keinen Orgasmus gehabt hatte. Wie ich das jetzt schreibe, kann ich es selbst kaum glauben. Ich wehrte mich zwar zaghaft, aber ich war weit entfernt davon, den Aufstand vom Zaun zu brechen, den diese Aktion in jedem Fall verdient gehabt hätte. Eine Frau mit ausreichender Selbstachtung hätte ihm wahrscheinlich die Leviten gelesen. Tatsache war, ich war nicht in der Lage dazu. Weil mir niemand beigebracht hatte, mich gegen Übergriffe zu schützen und weil ich schlicht darauf trainiert worden war, nicht zu reagieren, wenn ich mit Aggression konfrontiert wurde. Mein Vater war wütend auf mich, wenn ich krank war. Meine Mutter war wütend auf mich, wenn ich eine eigene Meinung hatte und ihr widersprach. Wichtig war, dass ich im Sinne des Systems korrekt funktionierte.

Gestern nun habe ich, ich kann es kaum glauben, nach 25 Jahren die gesalzenste Antwort formuliert, zu der ich im Augenblick fähig bin. Ich habe meiner Angst versprochen, an den Grenzen zu patrouillieren und das tue ich nun auch. Als ich die Nachricht verschickt hatte, wartete ich auf meine übliche Reaktion: Das Bedauern über meine Worte und die Angst vor der Reaktion des anderen. Eine Dame, die mich eine Zeit lang coachte, sah das Problem schon vor mehreren Jahren: „Du spielst im Sandkasten und ein anderes Kind schüttet dir Sand ins Gesicht! Dann wartest du erst mal ab, ob das Kind das noch mal macht, anstatt dich zu verteidigen oder die Beine in die Hand zu nehmen!"

Mir wäre am liebsten, alle Welt wäre gut Freund und jeder würde dem anderen höflich Platz machen. Aber das ist leider der Wunsch eines Kindes, nicht die Haltung eines Erwachsenen.

Die Nacht

Die gestrige Nacht war wieder eine der schlaflosen und der Kräfte zehrenden. In solchen Nächten bin ich oft wach bis halb drei oder vier in der Früh und falle spät in einen kurzen und wenig erholsamen Schlaf. Diese Nächte fegen über mich hinweg wie ein schwerer Sturm. Rütteln an meinen Grundfesten, reißen die Läden von den Fenstern und lassen mich am nächsten Morgen erschöpft und übernächtigt meinem Spiegelbild gegenüber treten.

Nach solchen Nächten suche ich oft Hilfe im Netz. Kurzbeschreibung einer Borderline-Erkrankung: „Unsicherheit, die Gefühle betreffend; Unsicherheit, die Person betreffend; Unsicherheit, die Beziehungen betreffend; ein großes Gefühl der Leere; das Unvermögen, die eigene Persönlichkeit wahrzunehmen; extreme Ängste, verlassen zu werden; eine extreme Wut, die lange unterdrückt wurde und nur schwer oder gar nicht kontrollierbar erscheint; Kontrollverlust, was die eigenen Emotionen und Reaktionen anbelangt".

Sehr viel davon kam mir schmerzhaft bekannt vor. In den ersten Stunden bei meiner Therapeutin habe ich geradezu darauf bestanden, selbst an Borderline erkrankt zu sein. Wogegen sie heftig widersprach. Heute bin ich auch der Meinung, dass ich nicht davon betroffen bin. Aber neben den Depressionen, die ich lange hatte, sind mir verschiedene Eigenschaften aus dem Borderline-Katalog durchaus geläufig. Ich habe mich mittlerweile recht gut geschult in der Selbstbeobachtung. Was mich wohl im Wesentlichen von Borderline-Betroffenen unterscheidet, ist die Impulskontrolle. Ich gebe meiner Wut nicht haltlos nach. Ich lasse mich nicht in jede bodenlose Angst fallen. Ich liefere mich Gefühlen nicht mehr alternativlos aus. Trotz allem finden sie statt, diese Kämpfe. Im Innern. Um Aufmerksamkeit, um Liebe, um Zuwendung. In diesen Nächten starrt mir die Angst meiner Mutter wieder und wieder ins Gesicht. Allein zu sein, ungeliebt und verlassen. Es fällt mir schwer, die Nähe anderer Menschen zu spüren, wenn sie nicht unmittelbar um mich sind. Allein zu leben, allein zu sterben, das ist die Urangst des Borderliners. Man streckt den Arm aus und da ist einfach niemand. Nur leerer Raum. Gesichter ohne Substanz. Meine Mutter hatte diesen Zustand noch perfektioniert, indem sie auch zu den Menschen oft unmöglich war, die fest entschlossen waren, bis zum Ende an ihrer Seite zu bleiben.

Heute verstehe ich zum ersten Mal meine Erschöpfung nach diesen Nächten. Alle sind sie da, diese schrecklichen Gefühle, stehen im Kreis um mich und starren auf mich hinunter. Und mein einziger Wunsch ist, mich endgültig von ihnen zu befreien. Von der ewigen Angst, der Verzweiflung, der erlernten Hilflosigkeit und dem ewigen Gefühl des Verlustes. Ich ziehe mein Schwert und rücke gegen sie vor ins Feld. Mein einziger Schild in diesen Stunden besteht aus Beobachtungsgabe und Vernunft. Da ist keine Liebe mehr an meiner Seite, keine Hoffnung. Nur der schiere Wille, zu überleben. Und die unerträgliche Müdigkeit im Angesicht meiner Angst. Ich bin ihrer so müde. So unerträglich müde. Jetzt, da die endlosen Einflüsterungen meiner Mutter über das Übel in der Welt verstummt sind, fällt es mir leichter, die Ängste als das zu erkennen, was sie sind. Als Papiertiger ohne Zähne. Wir fürchten so vieles, was nie eintritt. Und das Schlimme, das uns tatsächlich geschieht, können wir meist nicht voraussehen. Genaugenommen sind unsere Ängste die schlechtesten unserer Berater. Sie schießen oft weit über das Ziel hinaus und stürzen nicht nur uns selbst, sondern auch die Menschen, die wir lieben, ins Unglück.

Heute früh konnte ich mich zum ersten Mal lieben nach einer solchen Nacht. Konnte den Schmerz sehen, den sie mir verursacht und wahrnehmen, wie viel Kraft sie mir raubt. Ich habe mein Zelt auf der anderen Seite des Flusses aufgeschlagen. Ich sehe die Dunkelheit und das Gewitter, das sich zusammenbraut, hüte mich aber, den Fluss zu überqueren. Warum auch? Was ist so magisch reizvoll an der Dunkelheit? Was könnte mich noch dorthin ziehen? Dort ist scheinbar nichts. Nur Leere, Düsternis und Verzweiflung, gekrönt von dem Gefühl ewigen Versagens und grenzenloser Hoffnungslosigkeit. So sieht es aus, das Land meiner Mutter und dennoch konnte ich nicht aufhören, sie zu lieben. Und bin an der Unfähigkeit, sie zu retten, beinahe zerbrochen.

Heute früh also keine Standpauke für mich. Keine Maßregelung. Zur Abwechslung einmal Verständnis und Mitgefühl, das ich im Überfluss für andere habe, aber eigentlich nie für mich selbst.

Weihnachten

Gestern beim Frühstück sah ich hinaus in den Garten. Ein starker Wind trieb dicke Schneeflocken vor sich her, über unsere große Buchenhecke hinweg, über die Päonien, die jetzt kahl und braun ihre Ärmchen in den Himmel recken. Mehrere Stunden tanzten sie, bis der Garten mit einer dichten, weißen Watteschicht bezogen war. Der Kater drehte eine kurze Runde in der Kälte. Flüchtete dann, als ich die Verandatüre öffnete, pfotenschüttelnd und weiß gesprenkelt, in die Wärme zurück. Seltsamerweise stellen sich bei mir an solchen Tagen unweigerlich die feierlichsten Weihnachtsgefühle ein. Vollkommen irrational und vermutlich von der Werbung konditioniert, denn selbst in den schneereichsten Tagen meiner Kindheit, hatten wir sehr selten einen weißen Heiligen Abend.

Denke ich an Weihnachten, denke ich zuerst an meinen Bruder und mich, wie wir auf einer steilen und knarzenden Treppe stehen und langsam, Stufe für Stufe, unter dem symptomatischen Stöhnen des alten Holzes, hinuntersteigen ins Erdgeschoss. Dorthin, wo unsere Eltern das Wohnzimmer bereit gemacht haben für die Bescherung. Ich bin mir nicht sicher, ob mich mein Bruder an der Hand hält. Vielleicht trügen die Bilder aus der Vergangenheit. Er hat mir beigebracht, auf Bäume zu klettern und mit Pfeil und Bogen zu schießen. Er hat mich aber auch mit harten Lederbällen pfeilschnell beworfen und mich in meinem Kinderzimmer eingesperrt.

Das Ächzen der alten Treppen vermischte sich jedes Jahr mit unserer inständig stillen Bitte, der Abend möge schon vorbei sein. Ich glaube nicht, dass wir es laut aussprachen, aber ich bin mir ziemlich sicher, dass wir lange und vielsagende Blicke tauschten. Das Haus hatte den ganzen Tag schon vibriert von gebrüllten Anklagen und stillen Enttäuschungen. Mein Vater zankte sich mit seiner Schwiegermutter und meine Mutter sich mit meinem Vater. Die Nerven. Jede Unregelmäßigkeit im Tagesablauf war ein Hindernis, an dem sich eine Katastrophe so leicht entzünden konnte wie ein Buschbrand.

Im Wohnzimmer angekommen, erwartete uns der geschmückte Baum. Mein Vater hatte eine Kassette mit Weihnachtsliedern eingelegt, das Licht war gedämpft und die elektrischen Kerzen am Baum leuchteten in einem warmen Gelb. Meist saß meine Großmutter schon auf dem Sofa, die Hände im Schoß gefaltet.

Vor der Bescherung packten wir uns immer für den Kirchgang in warme Mäntel. Mein Vater stand als Messdiener am Altar. In steifer Haltung und sehr feierlich anzusehen im seinem weißen Talar mit schwarzem Unterkleid und Spitzenborte. Die riesige kalte Halle von einer hohen Tanne überschattet, auf der ein paar dürre Strohsterne ein asketisches Dasein fristeten. Kein Vergleich mit der Herrlichkeit der Krippe, die jedes Jahr in einer Nische der Kirche stand und eine wunderbare, ferne Welt in sich barg. Zu Hause angekommen, mussten wir noch einmal in unsere Zimmer. Hatten meine Eltern uns gerufen, traten wir vor dem Christbaum von einem Fuß auf den anderen, bis mein Vater noch einmal das Weihnachtsevangelium verlesen hatte. Dann erst durften wir die Geschenke öffnen, was meist sehr still und gesittet vor sich ging.

Trotzdem liebe ich Weihnachten, wenn ich heute an die Vormittage denke, die ich mit meinem Bruder unterm Christbaum verbringen durfte. Ganz alleine und ungestört. Wir haben gemeinsam den Baum geschmückt und Geschichten aus einer Hörspielreihe gehört: Knuddel, der Dackel, war unser alljährlicher Weihnachtsbegleiter. Danach lief meistens das Lied vom kleinen Drummerboy.

Versuche ich allerdings, weitere Erinnerungen aus Kindheit und Jugendzeit abzurufen, sind die Dinge neblig und verschwommen. Und das bis zu einem Alter von 20 oder 21 Jahren. Manchmal kann ich mich gar nicht erinnern, dann wieder fehlt die Tonspur.

So wie zur Erinnerung jenes Nachmittages, an dem ich heimkam, um eine Mappe mit Zeichnungen zu holen. Ich wollte sie verwenden, um mich an mehreren Hochschulen für Gestaltung zu bewerben. An diesem Tag eröffnete ich meiner Mutter, dass ich den von ihr für mich gewählten Traumberuf einer Kunsthandwerkerin aufgeben wollte, um stattdessen zu studieren. Ich sehe sie noch heute in der Haustür stehen und wüten. Dennoch – kein Ton. Ich kann das Bild abrufen, aber nicht hören, was sie sagt. Einmal, bei anderer Gelegenheit, sagte sie mir, (als ich versuchte, ihr gegenüber eine eigene Meinung zu vertreten,) ich sei eine unglaubliche Enttäuschung. Wo sie doch so viel Zeit in mich investiert habe. Ich kann mich nach dem Streit unter dem Türstock nur daran erinnern, dass ich meinen Freund (und späteren Ehemann) in seiner Studentenwohnung besuchte und nachts auf dem Weg zur Toilette besinnungslos zusammenbrach. Wenn ich jetzt versuche, den Ton laut zu stellen in diesem Szenario, glaube ich, meine Mutter hat mir gedroht. Wie so oft. In der Nacht, in der ich stürzte, schlug ich mit dem Kopf auf einer Kommode auf und riss mir dabei den rechten Ohrring aus. Ich erwachte erst, als mein Mann versuchte, mir beim Aufstehen zu helfen, kalkweiß im Gesicht. Hochgeschreckt aus tiefem Schlaf von einem Krach, der sich anhörte, als hätte man einen Baum gefällt. Erst als ich mich aufrichtete, bemerkten wir, dass ich blutete.

Keine zwanzig Minuten zu Fuß von dem Ort, an dem sich der nächtliche Sturz zugetragen hatte, beginnt eine meiner schönsten Weihnachtserinnerungen. Das Städtchen in Bayern, in dem mein Mann sein Referendariat ableistete, hatte ein winziges Landestheater. Oben in dessen erstem Stock, im großen Foyer, geschmückt mit Stuck und Gold, stand zur Weihnachtszeit ein riesiger Christbaum, zwei Stockwerke hoch und über und über mit Schleifen und roten Glasherzen behängt. Ein Auftritt, ganz einem Theater würdig. Gerade so, als wäre der Baum eben der Geschichte vom Nussknacker und Mäusekönig entstiegen. An jenem Abend, als wir ihn zum ersten Mal sahen, beschlossen wir, diesen festlichen Glanz in unser Haus zu holen. So wurden die Glasherzen Teil einer von uns neu geschriebenen Weihnachtsgeschichte. Vom ersten Tag meiner Berufsausbildung an, wollte ich einen eigenen Weihnachtsbaum. Wir fuhren damals an einen abgelegenen Waldparkplatz und suchten uns ein kleines Bäumchen in einer Tannenschonung, das viel zu eng neben seinen Artgenossen stand. Wir gruben es aus, schwitzend vor Nervosität und Anstrengung, packten den Wurzelballen in einen mitgebrachten Topf und schlichen uns in der Nacht aus dem Forst. In den eigenen vier Wänden angekommen, schmückten wir die Äste mit kleinen weißen Glaskugeln. Ich war so stolz. Mein erster eigener Baum. Meine erste eigene Geschichte. Meine erste erfolgreiche Revolte.

Eben jene Kugeln werden auch dieses Jahr wieder unseren Baum schmücken. Zusammen mit den Glasherzen (die wir übrigens nicht im Theater mitgehen ließen, sondern in einer Glasbläserei in der Umgebung erstanden). Seither ist jedes Jahr etwas Neues hinzugekommen. Wir sammeln die verrücktesten und fröhlichsten Dinge, die wir finden können. Gestreifte Katzen, in allen Pop- und Pastelltönen, wie aus Alice im Wunderland, Krokodile mit Balletttutus, fliegende Schweine und Giftpilze, sanfte Rehe, emsige Eichhörnchen, weise Eulen und ängstliche Hasen. Alles, was uns Freude macht und uns zum Lachen bringt. Seit wir unser Haus bezogen haben, kaufen wir jährlich den größten Baum, den wir finden können. Und am Heiligen Abend stehen wir mit leuchtenden Augen vor diesem Wunder. Der Baum biegt sich unter den Tieren und Fabelwesen, die sich zwischen seinen Zweigen tummeln.

Lange habe ich die Bedeutung dieser Geschichte nicht erkannt. Erst im letzten Sommer wurde mir klar, was mir an ihr so wichtig ist.

Ich musste für drei Tage nach Österreich zu einer Messe. Das Klima dort ist mild. Das Städtchen hat eine wunderbare Seelage und an den Nachmittagen, wenn man sich das richtige Plätzchen aussucht, kann man Palmen sehen, die sich vor blauen Bergen sanft in der Nachmittagsbrise wiegen. Ein wundervolles Fleckchen Erde. Leider bislang von wenig wundervollen Erinnerungen überschattet. Ich war schon vor mehreren

Jahren dort gewesen, zusammen mit einem Geschäftspartner, der mir das Leben zur Hölle machte. Skurriler Weise fragte ich mich damals, warum mich so viel in dieser Kooperation mit ihm an das Leben mit meiner Mutter erinnerte. Aber zum damaligen Zeitpunkt hatte ich noch gar keine Vorstellung, in welchen Schwierigkeiten ich mich tatsächlich befand. Die Kooperation war eine Katastrophe und diese Beziehung zog sich wie ein Strick mit jedem Tag fester und enger um meinen Hals. Das letzte halbe Jahr verbrachte ich mit Panikattacken und Schweißausbrüchen. Dann schaffte ich den Absprung und glaubte, die Dinge endgültig hinter mir gelassen zu haben. Weit gefehlt. Etwa vier Jahre später stand also dieser Besuch in Österreich erneut an. Und vier Tage vor meiner Abreise dorthin erkannte ich mich selbst nicht wieder: Ich konnte nicht essen, ich konnte nicht schlafen, mir war sterbenselend, den ganzen Tag. Ich hatte Durchfall und Schweißausbrüche. Ich rief meine Psychologin an, vereinbarte einen Termin und berichtete von meinem seltsamen Zustand. Sie ließ sich die Vorgeschichte zu meiner anstehenden Reise erzählen und verglich sie mit folgendem Bild: „Sie haben einen Garten, in dem allerlei Blumen wachsen. Alles blüht und gedeiht. Dann bleibt der Regen aus. Die Pflanzen sterben ab. Verdorren, ziehen Stängel und Blätter ein. Sie decken den gesamten Erdboden mit Planen ab. Bis auch nicht mehr das kleinste Pflänzchen wächst. Nichts regt sich mehr in diesem Garten. Aber dann entfernt jemand die Planen. Regen fällt auf die Erde. Und die Pflanzen, die für eine lange Zeit im Erdboden geschlummert haben, schießen über Nacht auf. Ebenso ist es mit der Angst. Sie haben Erlebnisse reaktiviert, die sie mit diesem Ort verbinden, schlimme Erlebnisse. Geben sie den Ängsten nur ein wenig Wasser, blühen sie sofort zu alter Größe auf, auch wenn sie sie schon längst vergessen glaubten. Aber die Ängste verschwinden normalerweise genauso schnell wie sie gekommen sind, und – Sie können sie modifizieren. Sie können eine Situation, einen Kontext mit neuer Bedeutung überschreiben."

Der langen Rede kurzer Sinn: ich bin gefahren. Trotz Durchfall und Panik. Und nachdem die Welle der Angst während der Zugfahrt noch einmal einen schaurigen Höhepunkt erreichte, flachte sie schließlich ab. Die Palmen am See begrüßten mich, sich wiegend wie eh und je. Die blauen Berge lugten hinter Regenwolken hervor. Ich hatte geschäftlich wie privat drei nicht nur erfreuliche und friedliche, sondern auch drei völlig angstfreie Tage.

Seither weiß ich, es liegt in meiner Hand, Orte und Szenarien, wie beängstigend sie zuvor auch gewesen sein mochten, mit einer neuen Geschichte und mit einer für mich wertvollen neuen Erfahrung zu überschreiben.

Die Krypta des Schweigens

„Du bist mein Schutz und mein Schild.
Ich hoffe auf dein Wort.“
Psalm 119

Ich weiß nicht mehr, wie ich auf die Arbeit von Boris Cyrulnik[27] aufmerksam wurde, einem französischen Psychoanalytiker und Verhaltensforscher. Sein Buch „Rette dich, das Leben ruft!“[28] erschien 2015, als ich noch nicht einmal damit begonnen hatte, einen ersten Stollen in den Berg meiner Erinnerungen zu treiben. Ich glaube, ich war im Netz auf der Suche nach Informationen zum Thema Resilienz, als mir der Name zum ersten Mal begegnete.

---

[27] Geb. 1937, französischer Neurologe, Psychiater, Ethnologe und Autor.
[28] Autobiographische Erzählung von Boris Cyrulnik über sein Leben als jüdisches Kind in Paris und die Folgen traumatischer Erfahrungen.

Seit meiner Kindheit schon wünschte ich mir nichts sehnlicher, als der Welt zu entfliehen, aus der ich stammte. Klein, ängstlich und vielgewichtig, hatte ich sehr früh, ich glaube schon im Grundschulalter, mir selbst einen Schwur geleistet: Dass ich heute zwar hässlich und ungeliebt sei, aber eines Tages als stolzer und schöner Schwan zurückkehren würde. Ich würde alle in Staunen versetzen. Alle würden bewundernd zu mir aufsehen, nicht nur wegen meiner offenkundigen Schönheit, sondern ob der phantastischen Dinge, die ich geleistet hätte. Wie ich dies schreibe, muss ich über mich selber lachen, denn bis heute hat sich diese Erzählung offensichtlich nicht abgenutzt. Sie ist nach wie vor Motor und Motivation, die dazu dient, in Bewegung zu bleiben, der Neugier Raum zu geben und nie mit dem zufrieden zu sein, was ich gestern schon wusste.

Boris Cyrulnik schreibt über seine Kindheit und Jugend: Als jüdischer Junge auf der Flucht. Seine Eltern wurden von den Nationalsozialisten deportiert und umgebracht. Durch enorme Cleverness und die Unterstützung vieler helfender Hände gelang es ihm, seinen Häschern zu entkommen. Später stellt er sich in seinem Beruf als Psychiater die Frage, welche Eigenschaften seiner Person und welche Erzählstrukturen seines Gedächtnisses ihn davor bewahrten, schwer traumatisiert aus diesen Erlebnissen hervorzugehen. Ich suchte in seinem Buch nach Antworten, weil ich ihn in einem Interview hatte sagen hören: Nicht nur die vielen freundlichen Menschen, die ihm geholfen hätten, hätten ihn gerettet, sondern auch die Schönheit seiner Stadt Paris.

Nie im Leben hätte ich erwartet, in der Lebensgeschichte eines jüdischen Jungen Antworten auf mein eigenes Leben zu finden. Und wenn ich nun darüber schreibe, möchte ich betonen, dass es nicht darum geht, das unerträgliche Leid, das diesem Menschen widerfahren ist, mit meinem eigenen gleichzusetzen. Es geht mir allein um die Struktur des Erzählens angesichts von Ereignissen, die unser Fassungsvermögen übersteigen.

Durch den Schwur meiner Kindertage erzählte ich mir, ebenso wie Boris Cyrulnik, eine Geschichte, die mein Leben erträglicher machen sollte. Und vielleicht gab sie den Dingen auch so etwas wie Sinn. Den tatsächlichen Wert des Sinns habe ich lange unterschätzt. Frau Professor Tatjana Schnell spricht in ihrem Vortrag „Auf Sinnsuche" ausschließlich über Vorgänge im menschlichen Geist, die den Dingen, die wir erleben, eine Kategorie und damit auch einen Sinn zuweisen. (Ohne Sinnerfahrung, so ihre These, ist menschliches Leben unmöglich.) Sinn, so sagt Wilhelm Schmid, liege den Erfahrungen und Begegnungen unseres Lebens nicht automatisch bei. Sinn sei eine Qualität wie Dankbarkeit, die wir durch Übung und Wiederholung beziehungsweise gezielte Konstruktion erst selbst herstellen müssen. Also erzählen wir uns fortwährend Geschichten über unser eigenes Leben. Reflektieren und weisen den Dingen ihren Platz in einem größeren Kontext zu. Schätzen Personen und Situationen ein, gerade so, als würden wir in einem Theater, durch Kostüme, Schauspielerinnen und Schauspieler, Kulissen, Ausstattung, Text und Positionen unser Leben, unsere ganz eigene Welt selbst zusammenbauen. Als stellten wir Schauspieler und Komparsen, Einsätze und Auftritte so lange, bis wir eine für uns sinnvolle und schlüssige Szene erhalten.

Cyrulnik schreibt sehr viel über die Art der Selbsterzählung. Nicht allein die Dinge, die uns geschehen, bestimmen unsere Biographie. Sondern viel eher die Frage, welche Ereignisse aus der großen Fülle wir auswählen, welche Bedeutung wir ihnen jeweils geben und in welchem Licht wir sie betrachten. Mit jeder Wiederholung im Stillen modifizieren wir unsere Erlebnisse, fügen ihnen in unserem Sinn mehr Sinn hinzu. Es sei denn, die Ereignisse unseres Lebens übersteigen in ihrer Brutalität das Fassungsvermögen unseres Geistes. Wenn wir überfordert sind, tut sich ein Riss auf. Der Betroffene erstarrt in seinen Erinnerungen, isoliert sich, wird handlungsunfähig. Wortlos begraben sozusagen, unter den schrecklichen Bildern, die ihn in Schleifen heimsuchen. Unfähig sich selbst oder seiner Umgebung eine Geschichte zu erzählen, die die Dinge für ihn in einem erträglichen Licht erscheinen ließe. Das modifizierte, erstarrte Gedächtnis beschreibt Cyrulnik als das Trauma, aus dem sich ein Mensch unter Umständen aus eigener Kraft nicht wieder zu befreien vermag.

Er selbst fragt sich, wie es ihm wohl gelungen sei, dieser Art von traumatisiertem Gedächtnis zu entkommen. Und er beschreibt sehr detailliert, wie er, ganz wie ein Regisseur, die eigene Geschichte eines verfolgten, jüdischen Kindes so lange im Stillen bearbeitete und umschrieb, bis die Ereignisse erträglich wurden. Er fand Güte in unmöglichen Momenten, hörte auf das Lachen der Menschen um ihn herum, wenn er sich hätte fürchten müssen. Und er sah Schönheit, Gnade und Heldenmut, wo die meisten Menschen nichts davon gefunden hätten. Zur Not erfand er sie an Stellen, an denen ihn sein kindliches Gedächtnis ohnehin im Stich ließ.

Ein Konzept, das mir erstaunlich vertraut vorkam. Mein Mann und ich sprechen immer davon, dass wir uns an der Schönheit schadlos halten. Ein Prinzip, das selbst Suzanne Collins[29] in „Die Tribute von Panem" bemüht. Am Ende des Zyklus erklärt Katniss ihren Kindern, wie sie mit den grauenvollen Erinnerungen aus der Arena fertig wird: „Ich rufe mir jede gute Tat jedes einzelnen Menschen jeden Tag wieder in Erinnerung, wie bei einem Abzählreim. Wie bei einem Spiel. So überlebe ich. Auch wenn es mir an schlechten Tagen morgens unmöglich erscheint, mich an irgendetwas zu erfreuen, weil die Angst, es zu verlieren, übermächtig ist."

Diese Angst kenne ich sehr gut. Sie hatte mich viele Jahre in ihren hässlichen Klauen: Ich würde morgen früh aufwachen und alles wäre weg – meine Freunde, mein Ehemann, mein Besitz, das Leben, das ich mir selbst aufgebaut hatte. Inzwischen ist es erträglicher. Das Gefühl der fortwährenden Fragilität ist einem stabileren Lebensgefühl gewichen. Schönheit, Größe und Güte sind Dinge, die uns Menschen helfen, am Leben zu

---

[29] Geb. 1962, US-amerikanische Autorin und Schriftstellerin.

bleiben. Sinn, Beziehung und Liebe sind der Grund und Boden, auf dem ich ein neues Leben baue.

So hält es auch Louise Bourgeois[30], wenn sie eine Mandarine schält. Ihr Vater habe dies oft vor einer ganzen Tischrunde von Gästen getan, indem er ankündigte, nun das Portrait seiner Tochter zu zeichnen. Er zeichnete mit einem Stift eine kleine Frauenfigur auf den Fruchtköper, schnitt an den Umrissen der Figur entlang und schälte das Schalenstück, nun in Form eines jungen Mädchens, von der Frucht ab. Das Geschlecht platzierte er während der Vorzeichnung an die Stelle, an der sich der Stielansatz der Mandarine befand. Hielt man dann die abgeschälte Figur in den Händen, zeigte die orangefarbene Seite eine Frauenfigur und die weiße Innenseite hatte durch den noch mit der Schale verbunden Strunk einen kleinen Penis. „Schaut", sagte dann ihr Vater, „ich dachte diese kleine Figur wäre meine hübsche Tochter, aber offensichtlich ist das gar nicht der Fall, denn sie hat ja da gar nichts zwischen ihren Beinen." Louise vergab ihrem Vater seine lebenslangen Beschämungen nicht. Auch nicht nach seinem Tod. Eine unermessliche Wut sei der Motor ihrer Arbeit gewesen. Sie selbst sagte von sich: „Ich verwandle abscheuliche Arbeit in gute. Ich verwandle Hass in Liebe." Und ihr Assistent Jerry Gorovoy sagte über sie: „Kunst zu machen rettete ihr auf merkwürdige Art das Leben. Es war eine Form der Therapie. Sie hatte Glück, etwas zu finden, das sie unbedingt tun musste und das gleichzeitig lebensrettend für sie war."

---

[30] Geb. 1911, gest. 2010. Französisch-amerikanische Künstlerin, bekannt vor allem durch ihre Bildhauerei. Ihre riesigen, neun Meter hohen Spinnenskulpturen „Maman" sind in den wichtigsten öffentlichen Sammlungen der Welt vertreten.
Die Zitate entstammen folgenden Interview-Portraits:
"The spider, the mistress and the tangerine", 2008, 90 Min. Art Kaleidoskope Foundation, Marion Cajori, Amei Wallachand und Ken Kobland.
"Louise Bourgeois - Peels a Tangerine", 5 min Dokumentation aus den Archiven von ZCZ films - 2013"'I transform hate into love", 2016. Tate Gallery, London, aus der Dokumentarreihe "Tate Shots"

Wie schrieb ich selbst in einem Brief an Wilhelm Schmid: „Die Kunst ist oft ein Spielplatz trauriger Kinder. Ein Garten der Vergessenen und Übersehenen."

Leider fehlt mir Boris Cyrulniks großartige Begabung, mir meine Lebensgeschichte komplett „schönzuerzählen". Das heißt, eigentlich, wenn ich jetzt darüber nachdenke, stimmt das nicht ganz. Tagsüber habe ich als Kind zwar sehr unter meiner Familie gelitten, unter meinem dicken Körper, darunter, wenige oder keine Freunde zu haben, aber nachts, da war ich ein Star. Da tanzte ich traumhaft schön. Da flog ich mit der Eleganz einer Gazelle über Stufenbarren und Schwebebalken. Nachts war alles ganz und ganz einfach. In meiner Phantasie. Nur wenn der Tag anbrach, dann wurde es schwieriger. Aber auch für diesen gab es einen Plan. Seltsam, dass mir das vorher nie aufgefallen ist. In meiner Vorstellung bewegte sich mein Leben an einem schicksalhaften roten Faden entlang. Jedes schlimme oder schwierige Ereignis war nur ein Scheitern, das mich prüfte, um mich anschließend auf ein neues Gleis meiner schicksalhaften Lebensbahn zu setzen. Ich sah mein Leben als eine Art abenteuerlichen Hindernisparcours, ähnlich dem eines Militärcamps in der Grundausbildung. Würde ich mich als tapfer genug erweisen, würde am Ende meines Lebens eine Art verdiente Belohnung auf mich warten. Und wenn dies nur in einer Art ultimativer Erkenntnis geschehen sollte, wäre dies völlig ausreichend. Alles diente einem höheren Zweck und war schicksalhaft vorherbestimmt. Und es war zudem ganz einfach. Ich brauchte nur zuversichtlich und getrost meinen roten Lebensfaden in die Hand nehmen, an diesem entlang wandern, tapfer meine Entscheidungen treffen und alles würde sich ganz einfach so fügen, wie es eine höhere Intelligenz zu meinem persönlichen Wohl bestimmt hatte. (Wie ich dies schreibe erinnere ich mich auch an den Film „Das Leben ist schön"[31], in dem ein jüdischer Vater seinen Jungen glauben macht, alle Entbehrungen und Abscheulichkeiten des Vernichtungslagers seien Teil eines Spiels. Und dem mutigen Sieger winke am Ende die heiß ersehnte Fahrt in einem Panzer.)

Jetzt erst, wie ich mir dies vor Augen führe, wird mir klar, wie sehr ich in den letzten zehn Jahren darunter gelitten habe, dass mir mein Glaube an den roten Faden und damit an das sinnvolle Schicksal meines Lebens abhandengekommen ist. Seltsamerweise kann ich gar nicht genau sagen, wann das passierte. Wann habe ich, im tatsächlichen Sinn des Wortes, den Faden verloren? Vielleicht in dem Moment, als meine Mutter mit ihrer Krebsdiagnose ins Auto stieg? Da war das Maß wohl voll. Da verlor ich meine Fassung und meinen Glauben. Ich hatte all die Jahre tapfer gekämpft, hatte alles recht klaglos akzeptiert, was das Leben mir an Aufgaben vor die Füße warf. Aber in diesem Moment fühlte ich mich endgültig überfordert. Und noch schlimmer: Ich fühlte mich betrogen. Ich drohte zu zerbrechen. Wie kann das Schicksal oder Gott oder die gesamte Intelligenz des Universums allen Ernstes auch noch dieses Paket an meine Familie verschicken? Diese oder ähnliche Fragen stellte ich mir wohl, ohne mir darüber im Klaren zu sein. Wieso ist es anderen erlaubt, im Glück und relativem Frieden zu leben? Wieso nicht uns? Doch es kam keine Antwort.

Irgendjemand sagte kürzlich zu mir: „Der Teufel scheißt immer auf den größten Haufen!" So kam es mir auch vor. Zum ersten Mal in meinem Leben fühlte ich mich nicht nur überfordert, sondern schlicht bestraft. Ich

─────────────

[31] Italienische Tragikomödie aus dem Jahr 1997 von Roberto Benigni. Ein italienischer Jude kommt mit seinem Jungen in ein Konzentrationslager. Um ihn vor der grausamen Wahrheit zu beschützen, macht er ihn glauben, der Aufenthalt sei Teil eines komplizierten Spieles, an dessen Ende der Gewinner einen echten Panzer erhält. Der Vater überlebt nicht. Am Ende des Films wird der Junge tatsächlich von einem amerikanischen Panzerfahrer aufgelesen.

will ehrlich sein: Wäre meine Mutter nicht gestorben, ich hätte wohl aus eigener Kraft aus dieser Dunkelheit nicht wieder ans Licht gefunden.

Hätte ich früher darüber sprechen können? Mit wem hätte ich sprechen können? Wer hätte mir zugehört oder überhaupt geglaubt? Wann können wir anderen die Geschichten mitteilen, die wir uns selbst dauernd erzählen? Am einfachsten ist es zu schweigen, um Unglauben, Verwirrung, Gefühllosigkeit und Anschuldigungen zu entgehen.

Boris Cyrulnik hat mir ein Wort geschenkt für etwas, für das ich keine Worte hatte. Für eine Sache, von der mir nicht einmal klar war, dass sie existierte. Das Wort heißt Krypta. Die Krypta ist gewöhnlich ein Raum unter dem Kirchenschiff. Verborgen unter dem Fußboden der Hauptkirche. Manchmal ist die Krypta nicht zugänglich, manchmal nur zu finden, wenn man genau weiß, wo sich der Zugang befindet. Könige sind dort unten begraben, manchmal auch Heilige. Manchmal auch nur Teile von Heiligen. Die Krypta ist ein kleiner Raum, den nur sehr wenige Menschen aufsuchen.

Ein Jahr vor ihrem Tod beschrieb ich meiner Mutter Cyrulniks Krypta mit meinen Worten: „Ich stehe auf einer Eisscholle und treibe auf dem Wasser. Weit weg kann ich Menschen am Ufer sehen, die mir zuwinken. Ich möchte dorthin zurück, aber ich weiß nicht wie. Die Strömung treibt mich immer weiter vom Ufer fort. Ich bin allein".

Cyrulnik beschreibt die Krypta als einen Ort der Erinnerung und der Isolation gleichermaßen. Wir sind in unserem Leben mit Geschehnissen konfrontiert, die anderen, „normalen" Menschen nicht zustoßen. Es gibt in unserer Umgebung niemanden, der unsere Erfahrungen teilt. Da uns das Entsetzliche geschehen ist, das oft auch in der Öffentlichkeit ungesehen, unkommentiert und schlimmer noch, ungesühnt bleibt, verkriechen wir uns in einen Raum des Schweigens, um uns zu schützen. Um nicht Unglauben, Beschämung und Anklage ausgesetzt zu sein. Es ist vergeblich auf emphatische Anteilnahme zu hoffen, wenn sich niemand in unserem Umfeld befindet, der unsere Erfahrungen teilt. Wir beginnen, uns von den anderen abzusondern. Vielleicht spüren wir schon früh, dass wir anders sind. Vielleicht schon als kleine Kinder. Lange, bevor wir unsere Erfahrungen in Worte kleiden können. Manchmal begreifen wir auch sehr lange nicht, was uns tatsächlich geschehen ist. Aber unabhängig von unserem Vermögen, zu verstehen und zu artikulieren, bietet die Krypta immer Schutz. Wir sprechen nie mit anderen über diesen Raum. Wir betreten ihn nur selbst, um Schutz zu finden im Schatten, und um Trost zu erfahren, in unserer eigenen Ich-Erzählung. Wir finden Trost, indem wir Zeugen unserer eigenen Erlebnisse sind. Auch wenn uns unsere verdrehte Umgebung immer wieder versucht, glauben zu machen, dass wir uns irren, dass wir uns alles nur eingebildet haben. Dann verschieben sich die Ebenen der Wahrnehmung und der Erfahrung. Ein Effekt, als säße ich im Zug und ich bin mir im selben Moment nicht sicher, ob sich nun Zug oder Bahnsteig bewegt.

Wir lernen, unsere eigene beste Gesellschaft zu sein, weil da niemand ist, der uns versteht oder unsere Erlebnisse bestätigt. Die Krypta ist unser heiliger Ort, unsere letzte Zuflucht. Sie ist Fluch und Segen in einem. Sie ermöglicht uns das Überleben, aber sie vertieft auch den Graben zu unseren Mitmenschen. Lange wusste ich nichts von ihrer Existenz. Lange habe ich mich drüber gewundert, welche Wand zwischen mir und anderen steht. Ein Erlebnis in meiner früheren Jugend hat sich in diesem Zusammenhang in meine Erinnerung gegraben. Ich war 16 oder 17 Jahre alt und besuchte mit meinem damaligen Freund ein Freilichtkonzert. Mein Allererstes. Ich war fröhlich und aufgeräumt, wir verbrachten die Tage zeltend an einem See, an sich schon ein großes Abenteuer und Vergnügen. Alles war gut, bis wir das Festivalgelände betraten. Menschenmengen quetschten sich durch enge Absperrgitter. Überall nur Leiber und ein unüberschaubares Meer von Köpfen. Ich fühlte mich hilflos und verloren. Überall riesige Plastikkanister mit Alkohol. Betrunkene grölten und tanzten auf den Dächern von Dixi-Klos und Informationsständen. Ohne zu wissen warum, gefror ich von einer Sekunde auf die andere. Mein Freund wollte zur Bühne, in die ersten fünf Reihen. Ich weigerte mich. Ich blieb auf einer Empore, wo die Menschenmenge überschaubar war und weniger Betrunkene ihr Unwesen trieben. Als er nach den ersten Gesangsnummern zu mir zurückkehrte, war ich katatonisch. Eingefroren von Kopf bis Fuß. Wir mussten das Konzert früher verlassen. Auf dem Weg zum Auto wütete er, ich hätte ihm den ganzen Tag versaut. Ich wäre vor Scham am liebsten gestorben. Ich weiß noch, dass ich mir kurz vorstellte, wie es wäre, mich vor ein Auto zu werfen, um diesen endlosen Dramen und ausweglosen Situationen ein Ende zu bereiten. Ich lebte in meiner eigenen Welt, mit dauerhaften Einschränkungen und (selbst für mich) unbegreiflichen Verhaltensmustern, die mich als „anders" brandmarkten. Die mir ein Leben, wie es andere Teenager ganz selbstverständlich führten, unmöglich machten. Lange konnte ich mich in solchen Situationen nicht selbst beobachten. Geschweige denn, dass ich korrigierend hätte eingreifen können. Meine Umgebung fühlte einen Bruch, ein Schweigen, ein Verstummen, sah eine Unfähigkeit zur Handlung und konnte ebenso wenig begreifen wie ich, was vor sich ging.

Jetzt, wo ich zurückblicke, denke ich, ich bin bereits auf dieser treibenden Eisscholle geboren worden. Leider wird die Isolation von kranken Systemen, wie dem, in dem ich aufwuchs, nicht nur begünstigt, sondern oft sogar verlangt. Alles andere wird als Verrat an der eigenen Sippe gewertet. „Wie kannst du es wagen, glücklich zu sein, wo ich unglücklich bin? Wie kannst du es wagen, zuerst an dein Wohl zu denken? Wie kannst du es wagen, mich alleine zu lassen, oder dich für meine Probleme nicht zuständig zu fühlen? Wie kannst du…?"

Die Forderungen meiner Familie, meiner Mutter ließen mich zu Stein werden. Lange habe ich mich gefragt, warum mich Menschen manchmal meiden, warum sie meine Gesellschaft nicht suchen, sondern sie mir manchmal einen Gefallen zu tun scheinen, wenn sie sich mit mir treffen. Sie fürchten sich vor dem, was nicht ausgesprochen wird, ebenso, wie vor der Option, dass ich es aussprechen könnte.

Die Krypta wird von uns selbst geschaffen, aber unser Umfeld hilft, den Schlüssel umzudrehen, denn keiner möchte sich mit dem konfrontieren, was uns begegnet ist. Wir fühlen uns als Monster. Und das Monster bleibt im Verließ. Unsere Menschlichkeit verlässt uns.

Ich habe mich in diesem Jahr ein einziges Mal als ganz normaler Mensch gefühlt. Ich durfte einem Menschen begegnen, der mein Schicksal geteilt hat. Würden wir anderen berichten, welch fröhlichen und unbeschwerten Tag wir verbrachten, obwohl wir über die unaussprechlichen Dinge redeten, die uns geschehen waren, keiner würde uns glauben. Dass mein Leben als Ganzes gesehen wurde, wirkte wie ein Befreiungsschlag. Zwei Menschen, denen für ein paar Stunden die Sprache wiedergegeben wurde.

Im Land der unerfüllbaren Aufgaben

„Wahrlich, keiner ist weise,
der nicht das Dunkel kennt."
Hermann Hesse

„Fahrt durch eine Geisterbahn auf einem Bistrostuhl. Seltsam dabei, das Fahrgeschäft hat sich in einem normalen Gebäude mit gewöhnlichen Räumen eingemietet. Optisch sind die Dinge sehr schwer zu erkennen, manches ist farblich völlig verzerrt, wie durch einen Filter. Geradezu psychedelisch. Ich werde rückwärts durch dieses Szenario gefahren, dann in ein anderes Haus. Eine emotionslose Stimme kommentiert aus dem Off. Beim Übergang zwischen den Gebäuden wird der Stuhl über der darunter liegenden Straßenflucht abgekippt. Ich kann mich im letzten Moment an einer kurzen Feuerleiter festhalten. Und erkenne irritiert, dass dieser ‚Stunt' auch zum Programm gehört. Danach kann ich durch eine Fensterfront einsteigen. Hinter dem Fenster warmes Licht und eine Bar. Hier stehen Menschen gelassen mit Cocktailgläsern in der Hand und plaudern. Ich fühle mich willkommen. Sie alle haben den Parcours schon hinter sich."

Einer meiner Träume aus dem Jahr 2013.

Wie ich gerade beginne, übers Träumen zu schreiben, realisiere ich, dass unser Kater, der in seinem Korb am Fenster liegt, inzwischen auch Morpheus Reich betreten hat. Ohren und Barthaare zucken, er gibt leise, schmatzende Geräusche von sich. Ich frage mich oft, ob es angenehm ist, wovon er träumt.

Ich kann mich noch gut an meinen (vermutlich) ersten Alptraum erinnern. Ich weiß nicht, wie alt ich war. Aber angesichts meiner Not und der Dinge, von denen ich träumte, würde ich sagen, höchsten vier oder fünf Jahre. Ich weiß noch, dass meine Eltern vorhatten, übers Wochenende wegzufahren und mein Bruder und ich allein bei meiner Großmutter bleiben sollten. Ich träumte von einem Heer schrecklich kichernder Hexen, die auf ihren Besenstielen über meine Bettdecke geritten kamen. Und ich frage mich, ob ich geweint habe oder geschrien, denn in meiner Erinnerung sitzt als nächstes meine Mutter am Bett und ich bettle, dass sie nicht abreisen, weil ich so schreckliche Angst habe.

Später suchten mich Träume heim, die sich ständig wiederholten. Der erste Traum, den ich wieder und wieder durchlebte, war der von einem großen, schwarzen Berg. Ein breiter Weg zog sich in endlosen Schleifen rund um diesen schroffen Fels. Ewig stieg ich zum Gipfel auf und war ich endlich oben angekommen, konnte ich fast die Wolken berühren. Es war dort genauso dunkel wie an den Bergflanken. Eine Zeit lang bestieg ich fast jede Nacht dieses Massiv, um dann, kaum angekommen, vom Gipfel zu stürzen. Ich weiß nicht, warum. Niemand war dort außer mir. Es konnte mich also niemand gestoßen haben. Ich fiel einfach, jede Nacht, ins Bodenlose. Sehr gut kann ich mich an das grauenvolle Gefühl des ewig freien Falls erinnern. Endlos, zeitlos. Immer wieder aufs Neue. Beim Sturz erwachte ich.

Ganz anders mein zweiter wiederkehrender Traum. Als ich diesen immer wieder durchlebte, muss ich etwa 24 oder 25 Jahre gewesen sein. Ich hatte in einem Betrieb in Bayern mit meiner ersten Berufsausbildung begonnen und meine zweite Wohnung bezogen. Die Wohnung befand sich in einem historischen Stadthaus, das oben an der alten Stadtmauer eines kleinen Dörfchens klebte. Die Küche hatte ein breites Fenster mit einem großartigen Blick über das Land. Zu Sylvester eine Aussicht von unvergleichlicher Schönheit. Unter mir konnte ich im Winter Lauch und Kohl sehen, der geduldig in einem kleinen verschneiten Gärtchen auf seinen Einsatz in der Küche wartete. Von diesem breiten Fenster träumte ich oft. Was mir tagsüber so viel Freude bereitete, wurde nachts ein Ort des Grauens. Ich stand immer an diesem Fenster und sah reglos zu, wie sich zwei oder drei riesige Tornados mit grauen, saugenden Rüsseln über das Land auf mich zubewegten. Ich stand erstarrt, wie ein Kaninchen bei Donner, um mich herum eine bizarre Stille, in der man nicht einmal das Klirren eines Glases hörte. Die Tornados kamen manchmal näher, manchmal blieben sie weiter weg. Aber sie waren immer da, eine alles verschlingende, riesige Bedrohung. Und ich erwachte jedes Mal schweißgebadet und mit laut pochendem Herzen.

Danach endeten die wiederkehrenden Träume.

Seither bin ich eine regelmäßige Besucherin im Land der unlösbaren Aufgaben. Immer bin ich in Zeitnot, egal wo. Ich kämpfe mich durch Menschenmengen, die mir gegenüber völlig gleichgültig sind und sich meist in die entgegengesetzte Richtung bewegen. Es gibt immer eine dringende Aufgabe zu erledigen, über die ich mir den Kopf zermartere und die unlösbar bleibt, gleichgültig, wie sehr ich mich anstrenge. Ich taumle von einer katastrophalen Situation in die nächste. Ich verpasse Züge, verliere Koffer, kann meinen Partner nicht finden, bin nicht in der Lage, einen Raum zu verlassen, obwohl ich dringend auf die Toilette muss. Die hoffnungslosen Szenarien lassen sich über die Jahre nahezu endlos fortsetzen. 46 Jahre habe ich mich nicht darüber gewundert, dass ich jede

Nacht in einem Labyrinth der Qualen und Peinlichkeiten festsaß. Heute kann ich das kaum glauben.

Seit zwei oder drei Wochen verändern sich meine Träume. Meine Mutter ist tot und ich habe die letzte meiner Borderline-strukturierten Beziehungen gekappt. Was mich viel Kraft gekostet hat: Jeder neue Verlust eines Menschen, einer Freundschaft (oder was ich bislang dafür gehalten habe), ist für mich ein Alptraum, der alte Wunden aufreißt. Ich kann es nicht ertragen, Menschen zu verlieren. Trotzdem hat es sich gelohnt. Ich bin ruhiger geworden, glücklicher, ausgeglichener. Seit über 20 Jahren habe ich das erste Mal das Gefühl, wirklich entspannt zu sein. Was sich in meinen Träumen widerspiegelt. Nachts befinde ich mich plötzlich unter Menschen, die mich sehen und mit mir sprechen. Ich bin Teil einer Gemeinschaft. Ich erlebe Sinn, Entspannung und Erfüllung. Ich kann es kaum glauben. Das Leben macht plötzlich Spaß.

Die Glasmenagerie

Wenn ich lange genug in meiner Krypta festgesessen habe, wird der Wunsch übermächtig, wieder unter Menschen zu gehen. Wieder einmal Nähe zu spüren, Wärme und Geborgenheit zu erleben. Gemeinschaft. Bei jedem Versuch benehme ich mich wie eine Gazelle am Wasserloch. Ich weiß nie, ob ich mich auf das kühle Nass stürzen soll oder doch lieber die Raubtiere in meinem Rücken im Auge behalte. Ich habe nicht gelernt, mich vor Übergriffen zu schützen. Dinge, die mir normal erscheinen, lassen andere Menschen entsetzt flüchten. Soziale Interaktion ist schwierig. Ich habe abgeschaut, gelernt und kopiert, wo immer ich konnte. Manchmal ohne moralischen Wegweiser.

Da ich selbst Übergriffen ausgesetzt war, passiert es immer wieder, dass ich mich übergriffig gegenüber anderen verhalte. Ich suche menschliche Nähe und kann sie oft nicht ertragen. Ich verletze Menschen, wenn ich es gar nicht beabsichtige. Es fällt mir schwer, mich abzugrenzen. Menschliches Zusammenleben ist für mich ein Labyrinth. Ich bin der Vogel auf dem Drahtseil, ich bin der Löwe in der „Glasmenagerie"[32].

I do, I undo, I redo

Als meine Verzweiflung das Format eines ausgewachsenen Elefanten angenommen hatte, meldete ich mich zu einem Seminar an, um mit den Toten zu sprechen. Sie fragen sich jetzt sicher, wie man auf so eine Idee kommt. Das frage ich mich inzwischen auch. Im Vorfeld hatte ich bereits esoterische Seminare besucht, auf denen man mir eine glänzende Intuition bescheinigte (haha, welch Wunder) und eine Tendenz zur Hellsichtigkeit.

Nichts im Leben wünschte ich mir so sehr, wie Sinn in dieser ausweglosen Einöde. Ich wünschte mir, etwas Besonderes zu sein und suchte zudem verzweifelt nach einer Erklärung, warum die Dinge in meinem Leben waren wie sie waren.

---

[32] Theaterstück des US-amerikanischen Autors Tennessee Williams aus dem Jahr 1944. Es erzählt das Leben der Hauptfigur Tom um 1930 in St. Louis. Die erwachsenen Kinder leben ohne Vater bei ihrer Mutter, die in erster Linie ihren Erinnerungen einer glanzvollen Südstaatenjugend nachhängt und ihrem Sohn die Rolle des Mannes im Haus aufbürdet. Toms Schwester ist gehbehindert und zieht sich in eine Traumwelt zurück, die aus einer Sammlung kleiner Glasfiguren besteht. Die Glasmenagerie. Als Tom einen Arbeitskollegen mit nach Hause bringt und die Mutter diesem die Rolle des zukünftigen Schwiegersohnes aufnötigt, eskaliert die Situation. Tom verlässt am Ende die Familie, ebenso wie sein Vater vor ihm.

Wenn ich heute darüber nachdenke, fühle ich eine starke Bitterkeit in mir aufsteigen. Unser ganzes System setzt seine gesamte Kraft ein, damit wir uns nicht erinnern, nicht fühlen, damit wir dissoziieren, damit wir gefühllos bleiben in Beziehungen, die wir als Kinder nicht verlassen können und später nicht verlassen wollen. Wir halten fest an der Hoffnung, die Dinge doch noch zum Guten zu wenden. Wir halten fest an dem Glauben, Menschen retten zu können. Alle Systeme sind auf Überlebenskampf geschaltet. Würden wir erinnern, würden wir fühlen. Und wären wir uns unserer Einsamkeit und der Hoffnungslosigkeit bewusst, wir würden zusammenbrechen. Gegen dieses Notfallprogramm anzugehen, heißt, gegen unser gesamtes System ins Feld zu ziehen. Unsere Biologie versucht, uns zu retten und wir wollen uns, ihrer Meinung nach, in den nächstverfügbaren Abgrund stürzen. Ich habe mich oft gewundert, wie viel Lebensenergie mich diese Therapie kostet. Wir versuchen einen Tiger durch einen brennenden Reifen springen zu lassen, der dabei Todesängste aussteht.

Doch zurück zu den Toten. Eine Frau, mit der ich gemeinsam eine Übung machte, behauptete tatsächlich, ich habe ihr ihre verstorbene Großmutter mitsamt Kittelschürze im Vorgarten beschrieben. Naja. Wenn wir ehrlich sind, wissen wir nicht, was nach dem Tod geschieht. Wir wissen nur, dass wir zurzeit keine Form der Energie kennen, die vollkommen verschwindet. Also vielleicht waren alle verstorbenen Großmütter an diesem Wochenende im Schulungsraum. Ich weiß es nicht.

Was mir als wichtig in Erinnerung geblieben ist, ist eine Geschichte, die unser Trainer erzählte: Er sei im ersten Beruf Schauspieler, berichtete er, und er habe direkt nach seiner Ausbildung an der Schauspielschule ein Angebot für einen Fernsehfilm erhalten. Die Hauptfigur war eine junge Frau, die zwischen zwei Männern steht. Unser Referent sollte den Freund spielen, der von ihr verlassen wird. Sein darzustellender Charakter war mit zahlreichen Problemen konfrontiert: Arbeitslosigkeit, Alkoholismus, vielleicht sogar Drogen, ich erinnere mich nicht mehr genau. Ich erinnere mich aber sehr genau, was unser Referent über die Dreharbeiten erzählte.

Es begann damit, dass die Mitarbeiterinnen und Mitarbeiter des Filmteams ihn spaßhaft „Loser" nannten, weil seine Figur in Unglück und Unvermögen so hoffnungslos überzeichnet war. Tagelang wurde nun an diesen Szenen gedreht, die sein „Underdog Image" im Film weiter zementierten: „Ich habe mich nicht nur immer scheußlicher gefühlt", berichtete er, „ich näherte mich dem Charakter im Film auch privat immer stärker an. Ich rauchte Kette, stand spät auf und wusch mich nur noch rudimentär. Eines Morgens ertappte ich mich dabei, wie ich mir in Hektik die Zähne putzte und gleichzeitig nur mit dem Hintern unter der Dusche stand. Meine Freundin rief mich an und sagte, sie wolle sich von mir trennen. Und ich rede hier von keiner Filmszene. Ein paar Tage darauf verlangte der Regisseur, mich zu sprechen und sagte, sie wären mit meiner Arbeit nicht zufrieden und überlegten, mich auszuwechseln. Ich ging an diesem Abend nach Hause und war am Boden zerstört. Ich begann nachzudenken. Wenn die Arbeit an dieser Rolle mir all diese Probleme erst eingebracht hatte, dann musste der Prozess doch auch umkehrbar sein? Am nächsten Morgen stand ich früh auf und stellte mich ausgiebig unter die Dusche. Solange das Wasser wunderbar warm über meinen Körper lief, stellte ich mir vor, James Bond zu sein. Sehr gelassen und erfolgreich. Ich zog mich an, schlenderte hinunter in die Küche meiner WG und goss mir dort, die anderen Mitbewohner lässig entspannt grüßend, eine Tasse Kaffee ein. Danach ging ich mit gestrafften Schultern und mit federndem Schritt zur Arbeit. Ich rief im Hausflur kurz meine Freundin an und sagte ihr, sie solle sich das mit der Trennung doch noch mal überlegen. Ich fühlte den Erfolg von Kopf bis Fuß. Keine zwei Tage später rief sie mich zurück und sagte, sie hätte sich geirrt und dass sie mich noch immer lieben würde. Am gleichen Tag in der Mittagspause nahm mich der Regisseur zur Seite und entschuldigte sich: Er sei mit meiner Arbeit sehr zufrieden, ob ich nicht Interesse hätte, wieder mit ihm zu arbeiten."

„I do, I undo, I redo“.[33] Wir glauben, was wir uns selbst erzählen.

Spätblüher

„Wenn man nicht weiß,

wo man hin soll,

bleibt man am besten erst mal da,

wo man ist.“

Kaffee, Milch & Zucker[34], USA 1995

Es ist Ende Dezember. An der Gartenhütte unserer Nachbarn blühen noch vier rosa Rosen. Dazwischen sind rote, dicke Hagenbuttenköpfe. Zusammen mit den Blüten schaukeln sie in der hellen Luft vor einem pastellfarbenen Morgen, dahinter die Giebel der Nachbarschaft. Manchmal hoffe ich, ich bin auch eine Spätblüherin. Die Schauspielerin Sally Field bezeichnet ihren Filmsohn Forrest Gump als solchen. In den letzten Wochen, wenn es mir schlecht ging, stellte ich mir vor, Sally Field säße auf meiner Bettkante und erklärte mir die Herausforderungen des Lebens auf eine Art, in der ich sie verstehen würde. Lange Zeit fühlte ich mich wie diese weiße Feder, die in der ersten Einstellung des Films zu sehen ist. Wie sie im Wind treibt. Eine Studienfreundin sagte einmal, sie habe den Eindruck, ich sei erst nach meinem Studium aus einer Art Schlaf erwacht. Ich habe nie eine Ausbildung abgebrochen, aber ich fühlte mich stets richtungslos und fehl am Platz. Ich schlich durch die Gänge der

---

[33] Sinngemäß: Ich mache, ich mache rückgängig, ich mache wieder
[34] Amerikanische Tragikomödie aus dem Jahr 1995. Drei junge Frauen gründen eine Fahrgemeinschaft, um New York zu verlassen. Lustige und tragische Momente wechseln sich ab, es geht um Liebe, Mord, Krankheit, Treue und Tod in diesem turbulenten Roadmovie.

Hochschule, immer auf der Suche nach Freunden und Kontakten, wie ein Geist: ruhelos und getrieben. Meine Erlösung, so stellte ich mir vor, müsste in gesellschaftlichem und wirtschaftlichem Erfolg zu finden sein. Ein richtiges Klischee unter Künstlern … Unser gesamter Freundeskreis ist von diesen „Maschinen" durchzogen, die perfekt funktionieren, was Beruf, Problemlösung und Alltag angeht. Aber wenn man genauer hinsieht, sieht man, wie dünn unsere Panzer sind. Gleichgültig, wie sehr wir uns bemühen, wie laut wir lachen und wie funktional wir uns benehmen, die Traurigkeit hat unsere Knochen durchtränkt. Wir träumen uns in Leben, die wir nie gehabt haben. Die niemand je gehabt hat. Das vergesse ich oft. Zu gerne gebe ich mich der Illusion hin, das Leben der Anderen sei ein ewiger Nachmittagsspaziergang, voller Müßiggang und grüner Wiesen.

Die Sucht, schreibt Wilhelm Schmid, sei eine Option. Sie sei zu akzeptieren, besonders, wenn das reale Leben keine wirklichen Alternativen zu bieten hätte. Ich habe mich ausschließlich an die Sucht der Braven gehalten. Einige unserer Freunde trinken zu viel, manche nehmen Drogen, einige fahren zu schnell Auto oder zeigen ein riskantes Sexualverhalten. Ich habe gegessen. Eigentlich esse ich immer noch.

Mit Essen vollständig aufzuhören, würde bedeuten, den Tod in Kauf zu nehmen. Meine Großmutter soll auf diese Art ihr Leben beendet haben. Als sie sicher sein konnte, dass ihr Ehemann gut im Pflegeheim untergebracht war, stellte sie das Essen ein und beendete so ihre Reise.

Jetzt, wie ich darüber schreibe, verspüre ich den unmittelbaren Wunsch, das Kapitel zu löschen. Es ist mir ungeheuer peinlich.

Es scheint mir pervers, wie ich jetzt darüber nachdenke und tatsächlich dieser Stimme in mir glaube, die behauptet, eine ordentliche Sucht wäre ihr lieber gewesen. Hätte ich mich zu Hasch oder Sexabenteuern durchringen können, hätte dieses Buch vermutlich einen gewissen Sexyfaktor und ich hätte zudem eine ordentliche heimische Revolution angezettelt. Aber zu essen ist ein uncooles Problem.

Ich kann mich ganz genau an eine Zeit erinnern, in der eine „ordentliche" Sucht als mögliche Option in mein Leben trat. Und ich die „Chance" schlicht nicht ergriff. Ich war 14 Jahre alt und hing mit meiner damaligen Herzensfreundin bei McDonald's herum, wie das unter Teenagern in den 1980ern schick war. Wir trafen Jungs, die meiner Freundin an ihren stets lächelnden Lippen hingen, die sie sehr elegant mit der einen oder anderen Zigarette zu bestücken wusste, die schmalen Hände in grellbunten Wollhandschuhen ohne Finger. Die Mutter hatte meiner Freundin das Rauchen strikt verboten, aber meine Freundin scherte sich einen Dreck um die unausweichlichen Konflikte, wenn sie nach Hause kam. Ich bewunderte sie! Trotzdem ließ ich mich nie darauf ein, eine Zigarette mit ihr zu teilen. Zwei Dinge versetzten mich allein beim Gedanken daran in Angst und Schrecken: Meiner tobenden Mutter gegenübertreten zu müssen – und, was fast noch schlimmer war, mein Leben von einem so kleinen Objekt abhängig zu machen, die Kontrolle zu verlieren und einem so banalen „Ding", einer simplen Gewohnheit, ausgeliefert zu sein. Da konnte mich auch die Aussicht auf etwas mehr Coolness nicht umstimmen. So ging diese Sucht an mir vorüber. Alkohol machte mich schrecklich müde und an Drogen kam ich nie wirklich heran. Das heißt, es gab immer wieder Freunde, die sich mit leichterem Stoff versorgten. Aber ich fragte nie nach und bat seltsamerweise auch nie um eine Kostprobe.

Essen als Sucht ist unauffälliger. Man kann sich seinen Stoff jederzeit kostengünstig besorgen. In meinem Fall wurde die Sucht sogar von der ganzen Familie geteilt. Essen war der einzige Weg, auf dem bei uns zu Hause Gefühle mitgeteilt wurden. Meine Großmutter (sie lebte bei uns im Haus), nahm mich vielleicht nie in den Arm und sie warf mich aus der Küche, wenn ich die Kartoffeln nicht so schälte, wie sie das wollte, aber sie briet mir immer Herz und Leber eines Huhns, wenn sie eines kochte, und streute mir eigenhändig Salz auf diese von ihr so geliebte Leckerei. Ebenso, wenn sie Kartoffeln gekocht hatte, dann rief sie mich in die Küche und wir pellten in einer Art verschwörerischer Komplizinnenschaft die noch warmen Knollen und aßen sie mit Butter und einem geradezu obszönen Heißhunger. So begann meine Liebesbeziehung zu Lebensmitteln.

Leider herrschte bei uns zu Hause ein großer Mangel an Gefühl, Zuwendung, Anerkennung, Aufmerksamkeit und Liebe. Auch unsere Esskultur war davon betroffen. Hatten meine Eltern samstags nach dem Wocheneinkauf den Kühlschrank gefüllt, begann ein Wettlauf zwischen erbarmungslosen Rivalen. Wer zuerst in der Küche war, schleppte jede Leckerei, die er finden konnte (und die nicht für den normalen Speiseplan der Woche gebraucht wurde) in seine Höhle und verzehrte sie dort. Wenn ich mir dieses Szenario jetzt noch einmal vor Augen führe, erinnert mich das sehr an die Fütterung eines Löwenrudels, das ich einmal in einem Tierpark beobachtet habe. Es gab keine Gnade – und es wurde nichts geteilt. Was schließlich dazu führte, dass ich mir jede Woche von meinem Taschengeld selbst Dinge kaufte, die ich für mich allein haben wollte. Da saß ich dann in meinem Zimmer, die Hände bis zum Ellenbogen in einer Chipstüte vergraben.

Ich habe nie erbrochen. Zum Glück. Wenn man diese Linie einmal überschritten hat, soll es angeblich kein Zurück mehr geben. Ich glaube, ich habe mir ein oder zwei Mal den Finger in den Hals gesteckt. Aber ohne Erfolg. Zum Glück verließ mich der Mut, den Rubikon zu überschreiten.

Ich blieb beim Essen und wechselte meine Statur von pummelig zu unförmig. Mit 14 Jahren wog ich 85 Kilogramm. Und auch wenn ich nicht erbrach, bedeutet das nicht, dass der Ort, an dem ich mich damals aufhielt, nicht weniger finster gewesen wäre. Meine Eltern fütterten und scholten mich abwechselnd. Mein Vater fuhr mich aggressiv beim Frühstück an, wenn ich ein drittes Brötchen nahm und es dick mit Käse belegte. Ich hatte längst jedes Sättigungsgefühl verloren.

Meine Teenagerjahre, der Tanzkurs waren eine Tortur. Ich begann, den Klassenclown zu spielen. Oder die Große, Vernünftige, auf die sich die Lehrerinnen und Lehrer stets verlassen konnten. Niemand bemerkte mein Unglück, bis ich eines Tages bei der jährlichen Untersuchung des Gesundheitsamtes auf eine freundliche Ärztin traf. Nach dem üblichen Prozedere saß sie hinter ihrem Schreibtisch und sprach mitfühlend und verständnisvoll. Ich könne eine Kur machen, um mein Gewicht zu reduzieren. Das sei eine Art Camp, dort würde ich Kinder treffen, die alle die gleichen Probleme hätten. Ich überzeugte meine Eltern. Ich überzeugte meine Rektorin. Ich überzeugte mich selbst. Nach Weihnachten wurden wir in Zugabteile gepackt und stiegen vier Stunden später aus einem Bus, umgeben von der weißesten Winterlandschaft, die ich je gesehen hatte. Dort verbrachten wir sechs Wochen. Es gab auf dem Gelände des Kurheims ein Haus für Jungen und eines für Mädchen. Einmal die Woche wurde in der großen Sporthalle Zirkeltraining abgehalten. Unsere Leistungen wurden nach Punktestatus gemessen und anschließend auf einer Liste öffentlich ausgehängt. Ich war fast immer auf dem letzten Platz. Alle zwei Wochen gab es eine Untersuchung beim hauseigenen Arzt. Wir saßen wie verfrorene Hühnchen im Gang vor dem Untersuchungszimmer. Alle in weißer Unterwäsche und Socken auf langen Holzbänken, die einem Rillen in den Hintern drückten. Das Knarzen der Holzbänke, das Huschen der Socken. Als unsere Älteste und Hübscheste das Behandlungszimmer verließ, knöpfte sie ihre Bluse zu und ermahnte uns Jüngere, auf keinen Fall das Unterhemd während der Behandlung auszuziehen, gleichgültig, was der Arzt verlange. Ich glaube, sie murmelte etwas von „geilem, altem Bock" und verschwand durch die Tür. Mochten wir nicht, was zu den Mahlzeiten aufgetischt wurde, mussten wir sitzenbleiben, bis wir aufgegessen hatten. Was für mich eigentlich nie galt. Ich hatte ständig Hunger. An den Wochenenden wurden wir zwei bis drei Stunden durch den Tiefschnee getrieben, Winterwanderung nannte sich das. Am Tag zuvor nur Saftfasten. Tannenschonungen, Wiesen und Dörfer wie riesenhafte Watteberge. Ebenso weich wie mühsam zu begehen. Schuhe, in deren Schaft der Schnee hineinlief. Das Knirschen der Stiefel auf dem Grund. Schnaufender Atem aus meiner Lunge und um mich her. Heißer Schweiß den

Rücken hinunter. Eine Einkehr. Ein Gasthaus. Aufwärmen bei heißer Zitrone mit Süßstoff.

Ich nahm sieben Kilogramm ab in sechs Wochen. Zehn Kilogramm wären der Plan gewesen. Wieder zu Hause, begann ein jahrelanger Kampf mit meinem Gewicht. Abnehmen, zunehmen und wieder von vorn.

Ich habe mich oft gefragt, wieso ich mir Hilfe von etwas versprach, das doch offensichtlich meine Probleme nur vergrößert. Der erste Augenblick ist der des Begehrens. Ich will etwas haben. Unbedingt. Es liegt verführerisch vor mir und verspricht mir den Himmel auf Erden, zumindest für fünf Sekunden. Essen als Eskapismus. Dann stecke ich es in meinen Mund. Geschmackssensationen, Gaumenfreuden – ein kurzer Augenblick der Selbstvergessenheit. Wilhelm Schmid schreibt in seinem Essay über die Sucht, dass jedes Suchtverhalten letztendlich auf einen Augenblick des maximalen Genusses, des Wohlgefühls, aber vor allem der Selbstvergessenheit hinzielt. Damals hoffte ich einen Augenblick, befreit zu sein von mir selbst, meiner Lebensgeschichte, meinem Schicksal. Verantwortung abzugeben, Erleichterung zu finden, Vergessen in einem Sinneseindruck, einem Rauschzustand. Danach dumpfe Müdigkeit, Trägheit, Entspannung. Mich selbst belohnen für Mühen und emotionale Entbehrungen. Ab einem bestimmten Punkt, später dann, mich bestrafen, weil ich wieder keine Disziplin aufbringen konnte. Dann schlug der Genuss um in Selbstekel. Und die Belohnung in Selbstbestrafung.

Auch wenn ich mich heute nicht mehr bestrafe, ist Essen nach all den Jahren doch immer noch ein Gang auf der dünnen Eisdecke eines zugefrorenen Sees. Ich bin mit kurzen Unterbrechungen nie gertenschlank geworden. Bin aber auch nicht mehr fett. Der Sport hat mir in den letzten Jahren geholfen, meinen Körper notdürftig in Form zu halten.

Und die Sucht? Was ist aus der Sucht geworden? Die meiste Zeit sitzt sie zähnefletschend in einer Schachtel und mein Selbst patrouilliert darum herum. Manchmal entkommt sie, dann muss ich Schadensbegrenzung betreiben. Ich gewöhne mich langsam an den Gedanken, dass 80 Prozent meines Lebens aus Disziplin und Willensanstrengung bestehen. Wie ein Floß im Wildwasser wende ich den größten Teil meiner Energien dazu auf, auf Kurs zu bleiben. Askese, wie Wilhelm Schmid schreibt, heißt die Übung zur Lebenskunst. Niemand hat mir zuvor gesagt, dass das trainiert sein will.

Mein Tag der toten Ente

Gestern Abend – ein weiteres Kapitel in Jenny Lawsons[35] „Furiously Happy". Gleichzeitig musste ich an den Rat meiner Freundin denken, mir Bilder im Netz anzusehen. Humorvolle Bilder, um meine Laune zu heben. So wie mein Mann die Strategie hat, vor jedem Spiegel stehenzubleiben und sich anzulächeln. Hape Kerkeling[36], der als Kind neben seiner sterbenden Mutter im Bett einschlief, würde sagen: „Ich liebe es, mir selbst gute Laune zu machen." Vermutlich würde er jetzt gerade anfangen zu pfeifen und zu singen.

Mein zweiter Freund erklärte mir, ich sei schwerlebig. Er kritisierte mich gern und viel, ohne jedoch je zu erwähnen, dass sein zweitliebstes Hobby darin bestand, mich zu beschämen. Ein Mechanismus, der ebenso zuverlässig funktionierte, wie eine meiner Jugendfreundinnen jeden Bären bereitwillig akzeptierte, den man ihr aufband. Ihre einzige Reaktion be-

---

[35] Geb. 1973, US- amerikanische Autorin, Journalistin und Bloggerin. Bekannt geworden vor allem durch ihre humorvollen Berichte über ihre körperlichen und psychischen Erkrankungen.
[36] „Der Junge muss an die frische Luft" heißt die Autobiographie des deutschen Unterhaltungskünstlers und Komikers, geb. 1964. Das Buch wurde 2018 verfilmt, Regie: Caroline Link.

stand aus einem treuherzigen Blick, dem Heben der Augenbrauen und einer einzigen Frage: „Wirklich?" Einmal machte ich ihr weiß, dass Wildenten unter der gefrorenen Oberfläche eines Sees überwintern können, indem sie ihre Körpertemperatur auf ein Minimum senken und durch die Kapillaren des Eises atmen. (Bei Brenda Ueland hatte ich gelesen, das Blaue vom Himmel herunter zu lügen sei ein guter Anfang, um Schriftsteller zu werden. Es wäre einfach zu schön, wenn das wahr wäre.)

Einer meiner Kooperationspartner erklärte mir kürzlich, meine Arbeit würde inzwischen jede Ironie und jeden Humor vermissen lassen. Ich glaube, das war etwa zwei Monate, nachdem die Krebserkrankung meiner Mutter endgültig die Oberhand gewonnen hatte und sie infolge von ihren Gehirntumoren verstorben war. Heute denke ich, für diesen einfühlsamen Kommentar hätte ich ihn einfach irgendwo unbemerkt aus dem Fenster schubsen sollen. Aber ist das nicht gerade typisch? Ich überlegte, ob er Recht hatte. Das übliche Spiel begann. Ich nenne es im Stillen „Ich bin nicht … genug." Und hier kann jedes beliebige Attribut eingefügt werden. Nicht hübsch, nicht groß, nicht flachbrüstig, nicht klug oder was auch immer *genug*. Das einzig wirkliche *Genug* ist aber vermutlich, wir haben genug vom nicht-*Genug*. In meinem Fall geht diese Eigenart auf eine frühe mütterliche Programmierung zurück und auf die simple Gleichung A ist kleiner als B. Eine einfache Aussage, die ich vermutlich schon in der Grundschule gelernt habe. Wage nicht, dein Leben so zu konzipieren, dass es größer ist als das deiner Mutter, sonst landest du in der Hölle. Zumindest in der alltäglichen Hölle. Immer schön weiter unter dem Radar fliegen, unsichtbar bleiben, um keinen Unmut zu erregen.

Der schwarze Humor ist es, den ich an Monty Python, Douglas Adams und Ray Bradbury so sehr liebe. Wenn man sich selbst in einer sternlosen Finsternis wiederfindet, hilft nichts anderes, als gegen die Dunkelheit anzulachen. (*Nachdem* ich ein paar wohlverdiente Tränen vergossen habe. Eigenempathie, das lehrt schon die Gewaltfreie Kommunikation, ist die Basis allen Lebens.) Ich lache, um ein paar Sterne anzuzünden. Vielleicht sogar den einen, den eigenen Leitstern. Oder, um es mit William Shakespeare zu sagen: „Fräulein, nichts kleidet euch besser, als Munterkeit, denn ihr seid ohne Frage in einer lustigen Stunde geboren."

„Oh nein mein Herr, denn meine Mutter weinte. Aber es tanzte eben ein Stern. Und unter dem bin ich zur Welt gekommen."

Um in einer solchen Situation lachen zu können, bedarf es einer Tugend, die seit der griechischen Tragödie etwas aus der Mode gekommen zu sein scheint: Der Tapferkeit. Siehe Monty Python. Gnadenlos überzogen ist die Kreuzigungsszene aus dem Film „Das Leben des Brian". Aber genial. Brian wird aufgrund einer Verwechslung ans Kreuz geschlagen. Und in den letzten Stunden dieser Marter singen die Delinquenten „Always Look on the Bright Side of Life" – ein Schlachtlied auf das Leben. Gleichzeitig ist es eine Persiflage auf das positive Denken. Monty Python weiß genau, die einzige Medizin ist das Lachen. Aber es gibt keine Garantie dafür, dass uns im letzten Augenblick das Lachen nicht im Halse stecken bleibt.

Tapferkeit. Ich bin lange mit etwas herumgelaufen, in meinem Rücken, das sich anfühlte, wie kein Rückgrat. Ich hatte jede eigene Meinung, jede Gefühlsregung schon seit geraumer Zeit aufgegeben. Ich dämmerte durch meine Tage, immer mehr beeinträchtigt durch einen revoltierenden Körper, der allerlei exotische Symptome kultivierte und mehr und mehr ein höchst eigensinniges Eigenleben zu entwickeln begann. Zu diesem Zeitpunkt fuhren wir mit Freunden in ein kleines Ferienhaus nach Tschechien. Südlich von Prag gelegen, in einer weitläufigen Parklandschaft, die geradewegs einem Buch über englische Landschaftsgärten entsprungen zu sein scheint. Hier gibt es mehr Seen als Bäume und wenn man sich nicht in Acht nimmt, werden kleine Kinder noch von Wassermännern entführt. Das Land birst vor Sagen und Mythen und das Auge fließt über vom Grün und Blau der Landschaft. Meine Freundin und ich beschlossen einen Mittag am Haus zu verbringen. Ein schmaler Weg führte hinunter ans Wasser.

Links und rechts ein dichter Schilfgürtel neben einem schmalen Bootssteg. Auf dem Nachbargrundstück dufteten zwei riesige, blühende Marihuana Stauden in den schläfrigen Nachmittag. Wir lagen mit dunklen Sonnenbrillen in unseren Liegestühlen und ließen den Blick faul übers Wasser gleiten. Der Wind kräuselte die blaue Oberfläche wie feinen Stoff. Kein Laut war zu hören.

„Da schwimmt etwas auf uns zu", sagte ich.

„Sicher eine Plastiktüte …"

Pause. Das Etwas trieb weiter auf uns zu.

„Die Plastiktüte hat Füße", sagte ich.

Meine Freundin nahm die Brille ab und starrte konzentriert auf den See. Inzwischen sah man deutlich, dass das Etwas die Füße gen Himmel streckte und auf den Wellen schaukelte.

„Das ist eine Wildente!"

In diesem Moment fiel uns der Lärm am Morgen ein. Knallende Schüsse, die über das Wasser hallten. Die Hochsitze am See, die wir zwei Tage zuvor auf einer Paddeltour gesehen hatten. Es war Jagdsaison und die Jagenden hatten am Morgen offensichtlich nicht ihre gesamte Beute aus dem Wasser gefischt.

„Los, die holen wir uns!" Meine Freundin sprang auf, warf ihre Klamotten von sich, und stürmte im Bikini zum Schuppen, um das Paddelboot zu holen. Alles, bevor ich auch nur Luft holen konnte. Ich wollte protestieren, kam mir aber wie eine lahme Spielverderberin vor und hielt daher den Mund. Unter dem Bootsanleger fanden wir einen zweiten erschossenen Vogel. Den musste die Dünung schon vorher angespült haben. Die tote Ente auf dem See ließ sich nur widerwillig einfangen. Das Boot verlor Luft und meine Freundin, die mit den Paddeln kämpfte, sah aus wie ein Käfer, der versucht, vom Rücken wieder auf die Beine zu kommen. Schließlich saßen wir etwas außer Atem und nass mit zwei toten Enten auf dem Bootsanleger.

„Du weißt, dass wir die jetzt rupfen und ausnehmen müssen?", fragte ich vorsichtig. „Kein Problem, ich rufe meine Mutter an, die kennt sich da aus."

Eine halbe Stunde später schleppten wir eine Axt, einen Holzklotz und einen großen Zinkkübel zum Seeufer. Die grünen Köpfe der Enten, beides Männchen, baumelten traurig und schlaff aus dem Eimer. Zwei Stunden später ging es ans Rupfen. (Nachdem wir die Körper zuvor mit kochendem Wasser überbrüht und mit Steinen beschwert hatten.) Kleine Rinnsale von Blut liefen den Tieren aus Nüstern und Augen und in dem Moment, in dem wir mit dem Rupfen begannen, umschwärmte uns eine Meute hungriger Wespen, die es scheinbar auf das Blut ebenso abgesehen hatte, wie auf unsere Finger. Wir legten die blassrosa Leiber auf den Richtblock und hackten ihnen Köpfe und Füße ab. Schon zu diesem Zeitpunkt stieg mir der Geruch von kaltem Geflügelfett derart widerlich in die Nase, dass ich Übelkeit aufsteigen spürte. Mit einem scharfen Messer standen wir unentschlossen vor den entblößten Bäuchen. Jede von uns hatte schon zwei bis drei Schnäpse intus und wir legten nun nochmals nach, um für den chirurgischen Eingriff mit dem nötigen Mut gewappnet zu sein. Meine Freundin führte den ersten Schnitt, aber der Gestank, der uns augenblicklich aus dem offenen Leib entgegenschlug war so grauenerregend, dass sie wie erstarrt mit dem Messer in der Hand stehen blieb. Wir machten hektisch einen Sprung zurück und griffen ein sechstes Mal zur Schnapsflasche. Ratlose Blicke. Leichter Würgereiz. Meine Freundin mit leicht grünlicher Gesichtsfarbe und weichen Knien. Entschlossen nahm ich einen weiteren Schluck und ihr das Messer aus der Hand. Ich führte einen langen Schnitt und griff beherzt in die noch warme Bauchhöhle, in der sich allerhand samtige Abscheulichkeiten befanden. Alles raus, raus, raus, schnell in einen Eimer und nicht atmen. Dann das zweite Federvieh – und geschafft! Obwohl ich mir an diesem Tag sicher war, dass ich in meinem Leben nie wieder Fleisch essen würde, konnte ich zwei Tage später dem Duft nach Ente, Lorbeer und Piment nicht widerstehen, der nachmittags durchs Haus zog. Es war ein phantastisches Mahl. (Und wir hatten unverschämtes Anfängerglück, dass wir bei beiden Tieren die Galle nicht verletzt hatten.) Aber das Merkwürdigste an diesem Tag war eine Art seismographischer Verschiebung in meinem Inneren. Wenn ich in mich hineinhorchte, war da eine seltsame Befriedigung darüber, nicht gewichen zu sein. Als hätten die armen, toten Enten mir aus Mitleid ein Quäntchen ihrer nun überflüssigen Lebensenergie übertragen. Als hätten sie es im Tod noch gut mit mir gemeint. Ich war kurz davor, mir in meiner Befriedigung Kriegsbemalung anzulegen in meinem Stolz, das Leben wieder einmal mit beiden Händen gepackt zu haben. Seltsam. Vielleicht war es der Stolz auf meine Tapferkeit, die sich an diesem Mittag unvermutet wieder ans Licht gewagt hatte.

In einem Buch mit dem Titel „Handwerk Humor" (ein Buch über das Schreiben von Comedy) habe ich einmal gelesen: Komik bestehe aus zwei Komponenten – Wahrheit und Schmerz. Ich habe lange gebraucht, zu akzeptieren, dass der Schmerz mich immer begleiten wird. Und dass es meiner ist. Lange habe ich versucht, ihn zu verstecken. Leider trage ich ihn deutlich sichtbar, wie ein Kainsmal, auf der Stirn spazieren. Lange Zeit hat er Löcher der Scham in mein Bewusstsein gefressen. Lange fühlte ich mich, als schleppte ich einen Sack Steine und keiner sollte es merken. Das ist schlicht unmöglich. Selbst an guten Tagen dringt mir der Schmerz aus allen Poren und er gibt meinem Blick auf das Leben eine Tiefe, die mich manchmal selber überrascht. Und für die ich vielleicht einfach dankbar sein sollte.

Inzwischen habe ich begriffen, dass nicht der Schmerz mein größter Feind ist, sondern die Angst. Schmerz und Humor gehen Hand in Hand. Vor den schlangengleichen Windungen des Lebens bleibt keiner von uns verschont. Aber, übergibt man der Angst das Ruder, dann ist man verloren. Die Angst tötet alles: Den Witz, die Inspiration, die Freude, die Hoffnung, die Zukunft. Kennen Sie Walter Moers „Wilde Reise durch die Nacht"? Eine Erzählung nach 21 Stichen des französischen Künstlers

Gustave Doré? In dieser Erzählung, die nicht nur lebensklug, sondern für mich auch zum Schreien komisch ist, macht sich ein Junge in seinen mitternächtlichen Träumen auf den Weg, den Tod um seine Seele zu betrügen, indem er sechs Aufgaben erfüllt. Er kämpft mit Riesen und begegnet Gespenstern, reitet ein sprechendes Pferd und rettet auf einem fliegenden Drachen nackte Jungfrauen. Und zum Schluss begegnet er dem zweitschrecklichsten aller Ungeheuer: der Sorge. Auch Moers ist klar: Die Angst lässt unser Leben schrumpfen und es bis zur Bedeutungslosigkeit schwinden.

Elizabeth Gilbert spricht mit ihrer Angst: „Meine Liebe, du gehörst zur Familie. Die Abenteuerlust und ich, wir machen einen kleinen Ausflug. Da du sowieso überall mit dabei bist, bist du herzlich eingeladen, mitzukommen. Auch wenn du die meiste Zeit auf dem Rücksitz herumhängst und wenig mehr beizutragen hast als ‚OMG, we will all die!'[37] Du darfst mitfahren, aber du wirst die Klappe halten. Und es ist dir strengstens untersagt, ins Steuer zu greifen, die Straßenkarte an dich zu nehmen oder den Radiosender auszuwählen!"

Meine Abenteuerlust fragt gerade: „Also, wen werfen wir jetzt zuerst aus dem Fenster?"

Alles endet

Es war gegen halb zwei. Als ich in die Küche hinunter ging, stand die Nacht schwarz und leer im Garten wie eine große schweigsame Wand. Ich machte kein Licht.

Das Weinen begann in Wellen. Kräftig, dann wieder verebbend, ähnlich den Gezeiten.

---

[37] Oh mein Gott, wir werden alle sterben!

Ich versuchte, einen Rhythmus zu finden. Legte meine linke Hand auf die glatte Oberfläche der Arbeitsplatte und ließ sie im Gehen dort entlang gleiten, bis ich am Ende des Raums vor dem Fenster angekommen war. Dort wendete ich, wechselte die Hand, wieder die beruhigende Kühle unter meinen Fingern, und ging bis zum Kühlschrank zurück, bis zur Küchentür. Hin und her, immer so fort. Im beständigen Rhythmus der Tränen und des Schluchzens. Wieder und wieder, keine Ahnung wie lange. Der Oberkörper schaukelte leicht vor und zurück, die Hand suchte Halt, an irgendetwas. Die kalte Glätte unter den Fingerspitzen spendete ein Quäntchen Trost, keine Ahnung warum. Ich tat das noch drei weitere Nächte. Mein Mann schlief friedlich in seinem Bett, unbehelligt von den Stürmen, die ich in dieser Zeit durchschwamm. Gefährliche Strudel und Strömungen, die mich hinabzogen in schwarze Tiefen. Besonders in der Nacht vor der Beerdigung meiner Mutter fürchtete ich, jeden Halt zu verlieren. Lange konnte ich mir auf diesen fast mechanischen Ablauf keinen Reim machen. Erst als ich in Boris Cyrilniks Buch von den gleichförmigkreisenden Bewegungsabläufen isolierter Kinder las, begannen die Dinge einen gewissen Sinn zu ergeben.

Es fällt mir ungeheuer schwer, über den Tod meiner Mutter zu schreiben. Heute nehme ich den dritten Anlauf. Lange hat mich dieser Tag in den Boden gedrückt. Hat mir die Verzweiflung ihrer letzten Stunden den Atem genommen. Sie, die so gerne ein letztes Mal noch gehen wollte. Sie, die mit ihrem Leben und den Menschen dauernd im Streit lag, hatte plötzlich begriffen, dass es keine zweite Chance mehr geben würde. Kein Zeitfenster mehr, um Dinge nachzuholen. Dass all dieser Verlust, diese missglückten Begegnungen, all die Fehlentscheidungen und verpassten Gelegenheiten, all die verletzten Menschen, dass dies nun ihr Leben gewesen sein sollte. Unbegreiflich und unverzeihlich. Vor allem sich selbst gegenüber. Dass aus der Lebenszeit nun kein Meisterwerk mehr werden, das Leben ein roher Entwurf zu ihren Füßen bleiben würde. Es nur noch darum ging, nun endgültig dieses Haus zu betreten. Unwiderruflich, das

Haus des Todes. Sie kämpfte dagegen an, bis zu ihrer letzten Minute. Der Schmerz, die Verzweiflung, das Blut in ihren Augen. Schließlich, nach einer Ewigkeit, Erlösung. Nach der letzten Spritze endlich das Abklingen der Schmerzen, das Hinübergleiten des Körpers in die Ruhe. Das Loslassen können, das Weggehen, das Geschehenlassen. Ein letzter Druck mit ihren so weichen Händen. Wochen ohne Arbeit und Tonnen von Hautlotion gegen das Aufliegen. Ein letztes Rollen der Augen, ein letzter Atemzug. Es war geschafft. Meine Mutter sicher auf dem Kahn des Fährmanns[38] und für mich nichts mehr zu tun, als fassungslos auf die Wand zu blicken und das Erstarren der Zeit zu spüren, die Hand des Arztes auf meiner Schulter. Später dann mein Bruder im Raum. Geschäftige, freundliche Gesichter bitten uns hinaus. Meine Mutter wird für ihre letzte Reise zurechtgemacht und gelegt. Friedliches Gesicht, geschlossene Augen und gefaltete Hände für Charon, unter einem Holzkreuz an der Wand.

Dann Leere. Plötzlich muss ich an den Film „Grüne Tomaten"[39] denken, wie sie nach Ruths Tod die Uhren im Zimmer anhalten und die Möbel abdecken. Ich konnte das erst verstehen, als ich es selbst erlebt hatte. Die Hektik der vergangenen Tage fällt plötzlich von einem ab. Der Kopf läuft im Kreis beim Versuch, Dinge zu verstehen, die er noch vor wenigen Minuten erlebt hat. Herz und Magen gleichen einer schwarzen Grube, in die man mit klappernden Zähnen hinunterblickt. Die Zeit fällt aus der Zeit. Bewegungen wirken verlangsamt, gedehnt, als steckte man in einem großen Topf voll farblosen Gelees. Auch alle Töne sind gedämpft, das Gesagte dringt nur unklar zu einem durch, man ertappt sich dabei, dass man auf ein und denselben nichtssagenden Fleck starrt. Und andere

---

[38] Figur aus der griechischen und römischen Mythologie. Der Fährmann bringt die Toten über den Totenfluss in den Hades, in die Unterwelt. Auf das Boot darf nur, wer die Begräbnisriten empfangen hat und wer die Überfahrt mit einer Münze bezahlen kann, die den Toten unter die Zunge gelegt wurde.
[39] US-amerikanischer Film aus dem Jahr 1991, basierend auf dem gleichnamigen Roman von Fannie Flaggs

dabei, wie sie einen mit besorgten Seitenblicken mustern. Alles endet. Plötzlich. Auch jeder Sinn. Nichts fügt sich mehr zusammen wie zuvor, ab dem Moment, in dem man ein Leben einfach hat verschwinden sehen. Es ist fort und der Verstand setzt aus beim Versuch, dies zu begreifen.

Ein letztes Mal diesen Menschen berühren. Ihre Hand, denn sie gilt es nun für immer loszulassen. Bald kommt der Bestatter und nimmt den Körper mit. Er wird für immer verschwinden, wird der Energie nachfolgen, hinein in die Erde. Mahlzeit dann für Würmer und Getier. Rückgebunden in den Kreislauf des Lebens, ob nun gewünscht oder nicht.

Das Gehen in den Fluren. Die Stille. Die Menschen im Haus spüren, dass ein weiterer von ihnen gegangen ist. Eine Kerze wird aufgestellt. Mitarbeitende des Pflegeheims, die sich für ein paar Stunden auf Zehenspitzen bewegen. Gefühllosigkeit und Unglauben. Dann Erleichterung, dass die Sterbende nun endgültig dem Schmerz entkommen ist. Unmenschliche, unwürdige, unberechenbare Naturgewalt.

Atem schöpfen, bevor sich das Karussell aufs Neue zu drehen beginnt. So viele Telefonate, so viele Menschen, die ich anrufen muss: „Ja, meine Mutter ist gestern Nachmittag um 12.00 verstorben." Das Schweigen, das Leiden am anderen Ende der Leitung. Dann die Geschäftigkeit, die erneut über uns hereinbricht. Bestatter, Gedenkfeier, Todesanzeige, Sarg, Blumen und letzte Worte.

Eine Gesellschaft von gefalteten Händen und gesenkten Köpfen in der Kapelle und dann auf dem Friedhof. In meinen schlimmsten Träumen sah ich meine Mutter stets alleine sterben. Vergessen und ungeliebt von allen. Und doch sind sie da. So viele aus der Familie, so viele Freunde. Gerade Rücken, bleiche Gesichter, ziehen sie an uns vorbei, schütteln unsere Hände. Viele kenne ich nicht. Ein Meer von Gesichtern. Sie erweisen ihr die letzte Ehre. Wie konnte sie nur glauben, wir wollten sie loswerden. Wie konnte sie nur glauben, sie hätte kein anderes Leben in ihrem Leben je berührt. Erde, die prasselnd auf den Sargdeckel fällt, Blumenköpfe, die hinterhergeworfen werden, wie ein bunter Regen Konfetti. So tief dieses Loch, so dunkel die Erde. So ungewiss was uns erwartet.

In den nächsten drei Tagen spreche ich noch mit ihr. Kann die beständige Nähe ihres Körpers in ihren letzten Stunden noch spüren wie eine warme Strickjacke, die ich nicht ausziehen kann. Zugegeben, eine alte verwaschene Jacke, mit mehr Löchern als Strickwerk. Aber meine Jacke. Mein beschädigtes Leben mit ihr. Dennoch meins.

Nachts, wenn ich aufwache, habe ich das untrügliche Gefühl, sie stehe an meinem Bett. Ich weiß nicht mehr, wo ich das gelesen oder gehört habe, dass man in vielen Kulturen eine Zeitspanne einräumt, in denen sich der Tote von den Lebenden verabschieden kann und Zeit hat, hinüber zu wechseln in eine andere Dimension. Auch wir, die Lebenden, brauchen Zeit, um uns zu verabschieden. Ich glaube, es war auf Kreta, wo man mir vom Brauch erzählte, am ersten Jahrestag des Toten werde das Grab noch einmal geöffnet, um zu sehen, wie der Verstorbene liegt. Um gegebenenfalls die Knochen noch einmal zu sortieren und dann das Grab wieder zu schließen, damit die ewige Ruhe nun ungestört angetreten werden kann.

In den folgenden Tagen komme ich morgens oft in den Flur und stelle fest, dass unsere Haustür einen Spalt weit offen steht. Und obwohl ich weiß, dass das dumme Ding schon länger unter Spannung steht und ein Eigenleben führt, bilde ich mir ein, meine Mutter ist noch hier und kommt und geht, ganz ohne Hausschlüssel und wie es ihr beliebt. Ihre Hausschuhe stehen noch immer im Gang. (Ich glaube, es waren die alten Ägypter, die ihren Angehörigen noch lange Zeit einen freien Stuhl an den Tisch stellten, wenn sich die Familie zum Essen zusammenfand.) Sie fühlte sich nie gewollt und nie geliebt. Ihre Schuhe stehen zu lassen ist ein sentimentaler Liebesdienst. Ich bin mir nur nicht sicher, ob an ihr oder an mir.

Dann ist es Zeit, das Haus zu räumen. Dieses Haus, in dem ich aufgewachsen bin und in das ich die letzten Jahre keinen Fuß mehr setzen wollte, überfährt mich jetzt mit der Wucht einer Dampfwalze. Ich gehe durch die Räume. Überall hängt noch der wohlvertraute Geruch nach Küche, Parfum und frischer Wäsche in den Schränken. Der Blick vom Esszimmer in den großen Garten hinunter schneidet mir plötzlich ins Herz. Der Wald dahinter, eine stille und dunkle Kulisse. Noch steht ihr Sessel am Fenster, noch sind die Handarbeitsbücher und die Wolle in ihren Kisten. Noch hängen die Bilder an der Wand. In der Küche, am Fenster, Schälchen, Einkaufslisten und Bleistiftspitzer in Tannenbaumform. Pillendosen und Notizzettel mit ihrer Handschrift. Ich stehe wie festgewachsen. Zu meinen Füßen ein Faltkorb mit Mülltüten, daneben ein Gebinde Umzugskartons. Ich weiß nicht, wie oder wo beginnen. Mein Bruder will nichts aus diesem Haus, außer den Schaukelstuhl aus Holz, die Schrankwand und ein paar Bilder. Vor allem anderen stehe ich jetzt und bin ratlos. Wie sehr habe ich mich über ihre Angewohnheit aufgeregt, jeden Quadratzentimeter mit Kleinigkeiten zu füllen. Eine Katastrophe für Putzkräfte und helfende Hände. Nie zuvor habe ich einen Sinn in diesen Dinge sehen können, doch heute stehe ich plötzlich in einem Gesamtkunstwerk. Alles das sind die kleinsten Bestandteile ihres Lebens. Wie Elektronen, die beständig um ihren größeren Kern kreisen. Und mir dämmert mit Entsetzen, dass es nun an mir ist, über jedes einzelne Stück den Schiedsspruch zu verhängen. Wohin mit all dem? Die Bedeutung dieser Dinge hat sich nur ihr erschlossen und sie hatte keine Zeit mehr, Wichtiges von Unwichtigem zu trennen. Ich nehme einen Becher in die Hand, dann ein Kochbuch und stelle beides unschlüssig wieder ab. Ich fühle mich wie Sisyphos, der zum zweitausendsten Mal einen riesigen Stein den Hang eines Berges hinaufwälzt. Eine endlose Flut von Dingen, eine uferlose Aufgabe.

Ich wandere ziellos durchs Haus. Bleibe kurz in der kleinen Gästetoilette stehen, schnuppere den Duft von Parfum, lasse die Hände über eine Haarbürste mit bunten Blumen gleiten. Der Duft von Lavendelseife liegt in der Luft. Lippenstifte und Eyeliner stecken in kleinen Stofftäschchen neben dem Spiegel. Der Geruch ist so intensiv, wenn ich die Augen schließe, kann ich glauben, sie steht neben mir. Im Gang ist es kalt, wie schon in meiner Kindheit. Es ist Ende April, aber es zieht noch immer ganz schrecklich durch die Fenster des alten Hauses. Auf der Fensterbank ein paar letzte Blumen, die traurig und gelb die Blätter hängen lassen. Den größten Teil ihrer Pflanzen hatte sie sich ins Pflegeheim bringen lassen, aber diese armen Kreaturen hier haben nicht überlebt. Ich steige hinauf ins Dachgeschoss, zum Schlafzimmer, zum Bad und in ihr Nähzimmer. Endlich beschließe ich, mit dem Raum zu beginnen, der scheinbar am wenigsten wichtig ist. Auch wenn wir aus dem Haus fast nichts mitnehmen (wie sollte man das Leben eines anderen Menschen konservieren?), muss ich jeden Karton, jede Schublade und jede Tasche durchsehen, weil wir uns sonst ewig fragen würden, ob uns nicht etwas Wichtiges entgangenen sein könnte. An Erinnerung oder am Ende Unterlagen für die Steuer. Zumindest rede ich mir das die ganze Zeit ein. Tatsächlich hoffe ich bis zum letzten Tag, etwas Handschriftliches von ihr zu finden, einen Brief für mich und einen für meinen Bruder, in denen sie uns sagt, dass sie uns liebt und dass es ihr so leid tut, uns nun allein zurückzulassen. Ich Närrin.

Als ich im Nähzimmer beginne, die Kartons durchzusehen, flammt jäh der Schmerz auf. Wie eine Wildkatze fällt er mich hinter meinem Rücken an und verbeißt sich in meinem Hals. Ich finde Fingerpüppchen aus Filz, die meine Mutter für uns zu Weihnachten gebastelt hatte. Prinzessin, Wachtmeister und Krokodil für ein kleines Kindertheater. Daneben Handarbeitshefte mit der Anleitung für meine liebste Stoffpuppe.

All die Jahre glaubte ich, das Haus sei mir gleichgültig. All die Jahre wollte ich nie hier sein und nun kommt alles zurück. Eine Bilderflut, die mich unter sich begräbt. Der Mirabellenbaum im Garten, der irgendwann so hoch gewachsen war, dass man seine gelben, samtenen Früchte vom Balkon aus pflücken konnte. Die Mittage dort, mit Gebäck in der Hand und dem Kirschkernweitspucken in den Garten. Mein Bruder im alten Obstbaum vor dem Haus, ganz oben in der Spitze. Die Mittage mit Rohrstiefeln im kalten Bach und unser Kletterbaum hinter dem Haus. Die Veilchen und Walderdbeeren. Die reifen Pflaumen, deren Würmer ich oft erst nach einem ersten herzhaften Biss entdeckte. Zeit, das alles ziehen zu lassen. Niemand bereitet einen darauf vor. Nicht auf die Mühsal des Sterbens und erst recht nicht auf das. Auf diesen Moment, in dem einem die gesamte Kindheit und Jugendzeit noch einmal durch die Finger rinnt. Niemand aus meinem Freundeskreis konnte das verstehen, hatte das schon erlebt. Nur eine alte Bekannte meiner Mutter, der ich ihre Handarbeitssachen brachte. Sie nahm meine Hand und schaute mir traurig in die Augen. „Oh", sagte sie, „ich weiß, das ist schwer."

Am Ende ließen wir ein Unternehmen das Haus räumen, nachdem wir ein paar Habseligkeiten aussortiert und verladen hatten. Verwandte wollten noch Möbel für Aussiedler aus dem Haus holen, aber ohne uns wirklich ernsthaft nach unserer Meinung zu fragen. Ich war froh, dass der Räumungstermin zeitlich so früh angesetzt war, dass aus diesen Plänen nichts mehr wurde. Der ganze Räumungsprozess fühlte sich für mich wie Leichenfledderei an. Ich hätte es nicht auch noch ertragen, wenn Wildfremde durchs Haus geirrt wären und jede Schublade und jede Ecke durchstöbert hätten, wie auf einem Flohmarkt.

Als die Arbeiter kamen und begannen, krachend den Inhalt der Schränke in Kartons zu werfen, verließen mein Bruder und ich das Haus. Wir kamen erst am späten Nachmittag wieder, als eine Horde müder und verdreckter Kreaturen schweratmend hinter den vollen Lastern in der Straße stand. Wir unterschrieben und sie fuhren davon. Das Haus unserer Kindheit hallte plötzlich wie ein Neubau. In den Zimmern nichts mehr außer den Gardinen und Fußböden und jeder Menge Dreck. Einen letzten Mittag verbrachte ich dort mit Aufräumarbeiten und ein paar Putzeimern. Mit dem Besitzer war besenreine Übergabe vereinbart worden. In den nächsten Tagen sollten die Umbauarbeiten für die Nachmieter beginnen. Ich schloss ab und drehte mich im Gehen nicht mehr um.

Manchmal mache ich eine einfache Übung. In Gedanken gehe ich durchs Haus, sehe die Dinge noch stehen, dort wo sie standen, und erwarte, wenn ich die Küchentür öffne, sie steht dort am Fenster, im hellen Mittagslicht und schält Kartoffeln.

Die Jagd aufgeben

Manuela Rösel beschreibt in ihrem Buch „Wenn Lieben immer wieder weh tut" vier psychische Grundkonstellationen, die den Menschen im Kontakt mit anderen Menschen charakterisieren.

Ich bin nicht ok – du bist ok.

Ich bin ok – du bist nicht ok.

Ich bin nicht ok – du bist nicht ok.

Ich bin ok – du bist ok.

Variante eins und drei spiegeln die typische Konstellation in einer Borderline-Beziehung mit dem Partner oder der Partnerin wieder. Variante vier ist kein von Natur gegebener Zustand, sondern ein Idealzustand, den sich jeder erarbeiten sollte und der auf den Grundthesen von Marshall Rosenbergs Gewaltfreier Kommunikation beruht. Diese einfache Aufschlüsselung hilft gegen meine Verwirrung. Ebenso die These von Frau Rösel, dass die Neigung, Beziehungen mit Borderlinern einzugehen, erst abnimmt, wenn die Partner zu einem selbst generierten *Ok* in ihrer eigenen Person kommen und nicht mehr von der „Jagd nach dem *Ok*" im Außen abhängig sind. Erst dann, so Rösel, lässt die Tendenz nach, nach einer Art „Erlösung" in symbiotischen Beziehungen zu suchen, die sich im Laufe der Zeit eigentlich immer ins traumatische Gegenteil verkehren.

So weit, so gut.

Herz

Der Morgen war zunächst mühsam, die übliche Müdigkeit, die Verzweiflung. In den letzten Wochen gab es wenig Grund zur Entspannung. Mein Schwiegervater hatte den nächsten Zusammenbruch und wäre er nicht Anfang April gestürzt und in ein Krankenhaus gekommen, wir hätten keine Chance gehabt, ihn in eine neurologische Klinik zu bringen. Er verweigert jede Verantwortung für sich, jede medizinische Hilfe, jede Medikation. Zuletzt hat er den Kontakt zu uns abgebrochen. Mein Mann war der völligen Verzweiflung nahe. Es ist eine ungeheure Belastung, wenn man absehen kann, dass man den eigenen Vater, gegen seinen Willen, wieder und wieder durch die Eingangspforte einer psychiatrischen Klinik schleifen muss. Jedes Mal gefährdet er sich selbst. Er isst nicht und trinkt nicht mehr. Von Tagesrhythmus und Körperhygiene ist nicht mehr zu sprechen. Jedes Mal dieses Damoklesschwert über unseren Köpfen. Die Angst, die Erschöpfung. Aufgenötigte Verantwortung für ein Leben, die wir nicht haben wollen. Werden wir ihn wirklich sich selbst überlassen können? Würden wir ihn sterben lassen, wie er sich dies wünscht? Diese schwarze Wolke hängt über unseren Köpfen.

In den letzten Tagen fühlte ich mich irgendwie verloren und schlicht unfähig. Alte Muster schleichen sich zurück in mein Leben. Die Nachricht einer Freundin. Die Mail eines Ex-Kollegen. Wut und Distanz, auf der anderen Seite wieder das Schweigen, die schlechte Erreichbarkeit. Wieder Kommentare, die mich an meinem Selbstwert zweifeln lassen. Es ist schwer, sich jemandem zu öffnen. Noch schwerer zu erkennen, was richtig ist und was falsch. Sich in diesem Labyrinth völlig verdreht trainierter Werte zurecht zu finden, ist eine schier unlösbare Aufgabe.

Gestern allerdings ging für mich plötzlich eine ganz kleine, private Sonne auf. Inmitten meiner Ängste wurde es hell am Horizont. Die wichtigste Erkenntnis der letzten Wochen ist – ein Borderliner kann von außen nicht gerettet werden. Endlich kann ich meinen Schwiegervater ziehen lassen. Ich sage mir, wir können wenig tun, um sein Leiden zu lindern, wenn er dies selbst nicht will. Mit dem ewigen Helfertum verschärfen wir seine Probleme sogar.

Und ich kann meine Mutter jetzt ziehen lassen. Vor allem den Gedanken, versagt zu haben, sie sich selbst überlassen zu haben, schuldig zu sein an ihrem Elend. Daher meine Erschöpfung, daher die Verzweiflung über die Tatsache, dass ihr Leid nie nachhaltig und für längere Zeit gelindert werden konnte.

Schluss damit.

Wie sagte die Kollegin meines Mannes kürzlich trocken: „Das sind alles erwachsene Menschen."

Und dann plötzlich am Nachmittag die Einsicht, was für die Betroffenen gilt, muss für die Partner und Angehörigen genauso gelten. Endlich die Einsicht, Hilfe für mich finden, heißt Hilfe finden in mir selbst. Nie zuvor war mir bewusst, dass ich die Nichtachtung, die ich durch meine Eltern oft erfahren habe, die Lieblosigkeiten, nahtlos an mir selbst fortgesetzt habe. Beispiele dafür gibt es reichlich. An Körperpflege meist nur das täglich Nötige zu tun, aber selten etwas, das mich verwöhnt. An Kleidung weiterhin zu tragen, was man eben gerade in die Finger bekommt. Keinen wirklichen Wert darauf zu legen, schön zu sein oder gar das Recht zu haben, sich schön zu fühlen. Ganz plötzlich Klarheit, dass alle Zuwendung im Außen, die ich gesucht habe, letztlich nur auf das Bedürfnis zurückgeht, mich von mir selbst, im Innern geliebt zu fühlen. Manuela Rösel nennt es das innere, eigene *Ok*. Das innere *Ok* bezieht sich auf das Bild, das wir von uns selbst haben. Auf die Dinge, die wir über uns selbst glauben. Auf die Handlungen, die wir daraus ableiten. Schlagartig wurde mir klar, dass ich seit Jahren meine Energien verschwende auf der Jagd nach dem *Ok* im Außen und so nicht nur einer sinn- und ziellosen Mission aufgesessen bin, sondern auch anderen Menschen eine enorme Macht über mich einräume. „Sag du mir: Bin ich ok?" War ich gut, dienstbar, willig auf die Forderungen meiner Umgebung einzugehen, bin ich vielleicht für zehn Minuten ok. Ein grausames Spiel, das eigentlich nur in völliger Erschöpfung enden kann. Jeder kann mich ausnutzen, manipulieren oder erpressen.

Wenn ich vom *Ok* meiner Mitmenschen abhängig bin, gebe ich ihnen uneingeschränkte Macht über mich, meine Werte, meine Vorstellungen, meine Lebensgeschichte. Nie wieder will ich jemandem so grenzenlose Macht über mich einräumen. Ich will am eigenen *Ok* arbeiten. Doch wie mache ich das? Mich selbst lieben, achten und ehren? Mein eigenes *Ok* hängt an meinem Selbstwertgefühl. Dieses also trainieren. Verstehen, was mich ausmacht. Üben. Bücher lesen. Alle reden davon, aber was ist Selbstwert denn wirklich?

Letzte Woche habe ich mit dem Training begonnen. Zur Konfirmation unseres Patenkindes habe ich mir eine neue Bluse und eine neue Hose gekauft. Schmuck angelegt, den ich schon letztes Jahr gekauft, aber nie getragen habe. Bin im Hotel schwimmen gegangen, weil es mir Freude macht. Habe meinen Mann nach dem Fest nach Hause gefahren, weil ich Verantwortung übernehmen wollte. Mich mit Körperöl eingerieben, weil meine Haut immer so trocken ist. Mich selbst lieben – eine der schwersten Aufgaben überhaupt. Ich habe gelernt, dass ich nur liebenswert bin, wenn ich hilfreich und dienstbar bin. Eine Lüge, eine Verzerrung der Wirklichkeit, von der ich mich frage, ob ich sie je wieder loswerde.

Unsere Eltern haben uns angetan, was sie uns angetan haben. Weil sie an ihren eigenen traumatischen Erfahrungen zerbrochen sind. Unsere größte Herausforderung also heißt, uns selbst lieben, nicht aufgeben. Und vor allem, nicht zerbrechen.

Die Enttäuschung über die Dinge, die mir geschehen sind und vor allem über die Dinge, die mir nicht geschehen sind, sie ist mein größter Feind. Die aufsteigende Verbitterung, die an meine Tür klopft, jetzt wo ich älter werde und ich einsehe, dass sich manche Türen, auf die ich gehofft hatte, nie öffnen werden. Aber vielleicht andere.

Ich weiß nicht mehr, wo ich das gelesen habe: Das Gute aus beliebiger Hand erhalten und annehmen. Oder, wie meine Therapeutin sagte: „Den Schmerz aushalten können und nicht zu verzweifeln, das ist die Kunst."

Nachtrag. Heute erst festgestellt, wie schlecht ich den ganzen Tag in Gedanken mit mir selbst spreche. Den größten Teil der Zeit setze ich mich selber unter Druck und erwarte Höchstleistungen. Erkenne Erreichtes nicht an und fordere ständig mehr von mir. Mein Problem, ich habe nie Ruhe vor mir selbst, vor meinem inneren Antreiber. Immer weiter, immer höher, immer schneller, da ist Erschöpfung vorprogrammiert. Weit und breit kaum Selbstliebe in Sicht …

Das Problem mit den Menschen

Es scheint mir so schwer, auf symbiotische Bindungen zu verzichten. In den kurzen Zeiträumen, in denen diese funktionieren, in denen man sich einig ist, wer man ist und was man möchte, hat man einen Freund an seiner Seite, der den erlebten Schmerz nachvollziehen kann, weil er ihn selbst kennt. Das schafft eine Basis. Ich habe viele kluge Dinge darüber gelesen, wieso Menschen wie ich immer wieder in ähnlichen Beziehungen stranden. Und es leuchtet mir ein, ist rational absolut verständlich und nachvollziehbar. Aber der Verstand hilft nicht gegen Gefühle von Einsamkeit und Isolation. Das Erleben eines Traumas schafft eine ganz eigene Art von Isolation.

Viele jagen nach Momenten des Glücks, nach ein paar Augenblicken der Ruhe. Jeder für sich, im eigenen, oft stressigen Alltag. Die meisten von uns wollen sich nicht mit noch größeren Problemen belasten, als denen, die ihnen der eigene Lebensweg sowieso schon aufbürdet. Meine

Therapeutin hat dafür einen schönen Vergleich gewählt. Es ist, als würde der Betroffene mit einem großen Stapel Bücher durch die Gegend laufen, den er zu lange geschleppt hat. Die Arme tun ihm weh, der Rücken schmerzt, die Motivation schwindet. Kaum jemand kann sehen, dass der Stapel für diesen einen Menschen viel zu schwer ist. Ebenso wenig, wie viele Generationen ihre Bücher bei ihm schon abgeladen haben. Niemand will die schwere Last übernehmen, denn alle laufen mit den eigenen Enzyklopädien durch die Gegend. Trifft man nun eine andere Person, der es ebenso ergeht, hat man untrüglich das Gefühl, zwar nicht den eigenen Stapel loswerden zu können, aber sich doch vielleicht ein paar Minuten an den Straßenrand setzen zu dürfen. Ein wenig ausruhen, ein wenig Luft holen, vielleicht ein wenig plaudern. Was anfänglich scheinbar funktioniert und eine erholsame Pause für das geplagte Ich darstellt, scheitert über kurz oder lang an den Verletzungen, die wir früh erlitten haben. Wir stehen auf und taumeln weiter. Schon froh, wenn durch den neu aufbrechenden Konflikt nicht noch ein schweres Buch auf dem Stapel gelandet ist. Froh, wenn wir uns nicht auch noch gegenseitig schlimme Verletzungen beigebracht haben. Keine Lösung des Problems. Auch wenn es anfänglich so scheinen mag.

Die Begegnung mit Menschen ohne traumatische Erfahrungen ist dagegen oft wie die Begegnung von Bill Murray und Scarlett Johansson mit Japanern in dem Film „Lost in Translation". Bill Murray verkörpert einen gealterten Schauspieler, der für einen Whiskey-Werbespot nach Japan reist. Das Engagement, geschuldet seinem Alter und seiner schwindenden Berühmtheit. Scarlett Johansson spielt die Ehefrau eines Fotografen, die im selben Hotel abgestiegen ist. Der Jetlag treibt die Alleingebliebenen nachts in die Bar und sorgt unter den dort gestrandeten Hotelgästen für die seltsamsten Begegnungen. Sofia Coppolas Film handelt vom Fremdsein in fremden Ländern angesichts unbekannter Sitten und Verhaltensregeln. Und einer unverständlichen Sprache. Einige der komischsten Momente im Film, wenn Japaner Englisch sprechen und trotzdem nicht mehr Verständigung dadurch möglich wird. An diesen Film denke ich oft bei Begegnungen mit glücklichen, leichtlebigen Menschen. Beseelt von einer angenehmen Kindheit. Den Rucksack vollgepackt mit der Empathie ihrer Eltern und Freunde und begierig darauf, die Welt zu erobern und zu erforschen. Ich kenne deren Sprache nicht. Ihre Welt ist mir nicht nur fremd, sondern sie ist auch schmerzhaft. Jede Begegnung verlangt nach Größe und Gelassenheit. Ich muss ihnen von Herzen gönnen, was sie erfahren durften und noch erfahren werden. Denn jede Regung von Zorn, Wut, Frustration und Neid treibt mich weiter in die Einsamkeit, weiter in die Isolation. Die ungebändigte Wut, die zügellose Enttäuschung würde die letzten Inseln der Hoffnung, die Lichtblicke, jede Freundlichkeit, alles Gute aus meinem Leben endgültig verbannen. Daher lasse ich mich zwischen ihnen treiben und fühle mich in einer seltsamen Distanz zu diesen Menschen und ihren Ritualen. Ich kann zwar mit „den Japanern" sprechen, aber ihr Englisch ist gebrochen und die Verständigung versandet auf einer kryptisch befremdlichen Ebene. Lost …

Wilhelm Schmid sagte in einem Vortrag über Süchtige, Sucht müsse als Option, als Alternative zu einem bürgerlichen Lebensplan akzeptiert werden, vor allem bei Patienten, die keine glückliche Kindheit erlebt hätten oder schwer traumatisiert wurden. Sucht müsse als Alternative in der Diskussion ernsthaft berücksichtigt werden, da man den Betroffenen nur helfen könne, wenn man der Sucht eine andere Option entgegenstellen könne, wenn es zur Flucht oder Phantasiewelt eine echte, eine realistische Alternative gebe.

Die Neigung, symbiotische Bindungen einzugehen, ist keine Sucht. Das Verlangen, im Kern als Person gesehen und verstanden zu werden, ist ein zutiefst menschliches Bedürfnis. Was, wenn ich nur in solchen Beziehungen das Gefühl habe, gesehen zu werden? Und wenn es nur für zwei Wochen ist? Was, wenn die Begegnung mit allen anderen stets „Lost in Translation" bleibt?

Viele von uns ziehen sich zurück, müde vom Weg und den Mitmenschen, was zu T-Shirt-Aufdrucken wie denen der amerikanischen Autorin Jenny Lawson führen kann: „humans exhaust me"[40].

Von dieser Geschichte gibt es eine Unmenge Varianten, vor allem unter Künstlerinnen und Künstlern. Der künstlerische Ausdruck als Rettungsboot Nr. 1. Viele leben als Eremiten, verlassen nur selten ihren Kokon aus schützender Phantasiewelt und sinnvollem Tun. Eine beispielhafte Geschichte handelt vom Regisseur Luc Besson[41], als er versuchte, den Zeichner von Adèle für die Verfilmung des Comics ausfindig zu machen. Es sei nahezu unmöglich gewesen, Jaques Tardi[42] zu erreichen. Er sei nie ans Telefon gegangen. Dass *ich* die Einsamkeit den Menschen oft vorziehe, ist mir schon lange bewusst.

Opfer, Täter, Retter

Nach dem Beratungsgespräch heute Vormittag denke ich, ich reite durch einen Wald voller Gespenster. Der Ritter in schimmernder Rüstung ist zurückgekehrt, der Retter in der Nacht. Lange dachte ich, ich sei diejenige mit dem totalen Durchblick, mit dem glasklaren Verstand, die reihenweise Menschen aus dem Fluss zieht, die kurz vor dem Ertrinken sind. Haha, guter Witz. Seit heute ist mir klar, dass ich diejenige bin, die dringend einen Wegweiser braucht in einem Wald voller Gespenster. Mir war

---

[40] Deutsch: „Menschen erschöpfen mich"
[41] Geb. 1959, französischer Regisseur, Filmproduzent und Autor. Bekannt geworden durch seine Science Fiction Epen wie „Das fünfte Element" und „Valerian und Veronique" oder den Taucherfilm „Im Rausch der Tiefe".
[42] Geb. 1946, französischer Comic-Autor. Altmeister der Graphic Novel.

nicht klar, wie sehr das Dramadreieck[43] bei uns Kindern aus Borderline-Systemen unser Leben bestimmt.

Bin ich ein guter Mensch? Meine ganze katholische Erziehung wurde von dieser moralischen Frage quasi überschattet. Ein guter Mensch bin ich, wenn ich eigene Probleme zurückstelle und immer Reserven habe für die Nöte anderer Menschen. Bis heute hatte ich mir nie die Frage gestellt „Warum helfe ich?". Nie wäre mir in den Sinn gekommen, dass ich durch meine Hilfe in erster Linie meinen eigenen Bedürfnissen folge: Mich kompetent zu fühlen, einen wichtigen Beitrag zu leisten, genügen zu können, etwas richtig zu machen, Nähe zu erfahren, Stärke zu spüren. Alles Bedürfnisse, die lediglich dem eigenen Selbst dienen. Nicht dem anderen. Der Ritter in der Rüstung trat ja ursprünglich auch auf den Plan, um sich selbst zu retten, niemanden sonst. Seltsam, dass mir das bislang nicht aufgefallen ist. Wieder eine Möglichkeit, das Programm zu erfüllen, richtig zu sein, meinen Wert unter Beweis zu stellen. Einfach nur so geliebt und wertgeschätzt zu werden, ohne Gegenleistungen erbringen zu müssen – ein (bislang) undenkbares Konzept.

Und dann das krasse Gegenteil in einigen Beziehungen. Muster, die ich bislang nicht verstanden habe. Zu einem Menschen Nähe zuzulassen, Vertrauen zu entwickeln und dann, nach einer geraumen Zeit, plötzlich Verletzungen und Grenzüberschreitungen zu erleben und es erst oft Tage später zu bemerken. Verwirrung und Orientierungslosigkeit. Auf der anderen Seite plötzlich Kühle und Distanziertheit. Dem Kontakt hinterherzujagen, sich als Opfer zu fühlen. Alleingelassen, unverstanden oder ausgenutzt. Dem inneren Kind nachzugeben. Plötzlich die Bedürftigkeit ans

---

[43] Beschreibt ein grundlegendes, in vielen Märchen und Heldensagen lange tradiertes Beziehungsmuster zwischen Personen, die darin die Rollen des Opfers, des Verfolgers und des Retters einnehmen. Im Modell des Dramadreieckes wird beschrieben, wie die Rollen zusammenhängen und wie sie reihum gewechselt werden. Das Dramadreieck ist ein psychologisches und soziales Modell aus der Transaktionsanalyse das u. a. von Stephen Karpmann beschrieben wurde.

Licht lassen. Vertrauen zu fassen, den erlebten Schmerz zu artikulieren, Hoffnung damit zu verbinden, zu idealisieren, abzustürzen. Aber nicht ein Wort, in all dem, über den Menschen, der mir in diesen Situationen gegenüber steht. Besteht den die ganze Welt aus mir, meinen Konflikten und Bedürfnissen?

Blaupause

Haben Sie die Serie „House of Cards"[44] gesehen? Freunde, die in den USA gelebt haben, weigerten sich strikt nach einer Episode, die Staffel bis zum Ende zu verfolgen. Sie sei ihnen zu grauenvoll und vor allem zu nahe an der Realität. Obwohl das vor der Wahl Trumps zum Präsidenten war. Angesichts seiner Ernennung und der Glanzleistungen seiner ersten Regierungsphase räumten die Autoren von „House of Cards" angeblich ein, sie seien ratlos angesichts der aktuellen Ereignisse und in Bezug auf die neuen Drehbücher. Die Realität habe die Fiktion überholt und in den Schatten gestellt.

Die Hauptfiguren dieser Serie teilen schonungslos offen die größten Abscheulichkeiten. Allen ist klar, dass sie nichts weiter sind, als Raubtiere mit einem unstillbaren Hunger nach Macht. Claire, die weibliche Hauptrolle, spricht es laut aus: „Ich bin ein Monster." Eine Witwe, die nicht nach, sondern sogar im Liebesakt den einzigen Menschen tötet, den sie vermutlich je geliebt hat. Taktisches Gespür, krasse Begabung zur Manipulation und völlige Skrupellosigkeit ebnen den Protagonisten den Weg

---

[44] US-amerikanische Fernsehserie aus dem Jahr 2013, die sich mit Politik und den Regierungsgeschäften in Washington beschäftigt. Sie beschreibt die skrupellosen Machenschaften eines Politiker-Ehepaares, die beide Ambitionen auf den Präsidentensitz haben. Die Serie entstand als erweiterte Adaption der BBC-Miniserie „Ein Kartenhaus" und basiert auf dem gleichnamigen Roman von Michael Dobbs.

zum Erfolg. Sie kennen ihre Abgründe, wissen um ihre Schwächen fast besser als um ihre Qualitäten, lassen die eigene Flanke nie ungedeckt, greifen andere und deren Schwachpunkte umso unbarmherziger an. Warum ich über all das schreibe? Nicht, um Gewalt zu verherrlichen. Nicht, um zu sagen, wie cool es ist, andere zu manipulieren oder ihre Würde zu brechen. Sondern um zu sagen, ich glaube immer noch daran, dass man sich selbst kennen muss. Dass man die Blaupause kennen muss, auf der man sich bewegt. Gleichgültig, wie hässlich der Blick ins Innere auch ausfallen mag.

Wenn ich den ganzen Tag allein bin, allein mit meinen Gedanken, bei der Arbeit wieder und wieder hinabblicke in schwindelnde Tiefen, kann ich oft nicht glauben, dass dabei etwas Gutes herauskommen soll. Nichts als weitere Depression. Enttäuschung über die Dinge, die nicht waren. Zweifel am Lebensweg, am eigenen ich. Zweifel am eigenen Charakter. Ein unsicherer, nebelhafter Blick auf das eigene Selbst. Ängste, schmerzhafte Erfahrungen zu wiederholen. Ängste vor der Endlichkeit unserer Existenz. Ängste vor der Mutlosigkeit und dem Versagen. Ängste in der Mitte des Lebens, wenn man begreift, dass vermutlich noch sehr viele schmerzliche Erfahrungen vor einem liegen, bevor man dann irgendwann selbst ins Boot des Fährmannes steigen wird.

Eigentlich nichts Schlimmes. Eigentlich nur Dinge, die unauslöschlich mit unserer menschlichen Existenz verbunden sind. Eigentlich Zweifel, die fast jeder hat. Ängste, die jeden einholen können, in Nächten, in denen man zu lange wach liegt. Ängste zu akzeptieren, eben schlicht, weil sie dazugehören, das fällt mir so schwer.

Re-Inszenierung

Würde ich zwei Jahre zurückgehen und müsste ich die wichtigsten Merkmale meiner Erschöpfung charakterisieren, wäre dies ein seltsam grauer Nebel der Orientierungslosigkeit, gepaart mit dem unguten Gefühl, dass sich unglückliche Situationen und Begegnungen wiederholen. Angst hatte mich ergriffen, mich erneut in einem Netz der Schwäche und Hilflosigkeit wiederzufinden. Der Manipulation anderer Menschen ausgeliefert. Das perfekte Opfer. Lange habe ich nicht begriffen, dass ich emotionale Erpresser mit meinem schwachen Selbstwert und meinem ängstlichen Auftreten geradezu magisch anziehe. Oder dass ich selbst das Material dafür liefere, indem ich persönliche Geschichten und Schwächen zu früh oder völlig unpassend preisgebe.

Ein Klischee besagt, dass wir alle die uns zugewiesenen Rollen einnehmen. Eine Mischung aus früher Konditionierung in unserem Elternhaus und den Geschichten, die wir über uns selbst erfinden.

Ein Freund erzählte mir von einem psychologischen Modell, welches die gesamten Vorgänge unseres Geistes als Inszenierung eines Ich-Theaters beschreibt. Wir agieren gemäß unseren Erfahrungen und Glaubenssätzen, erfinden Geschichten über uns und die Welt, die uns umgibt. Unser Kopf als ein großes Theaterhaus; die Welt, in der wir uns täglich bewegen, eine Bühne mit Akteuren, Schauspielern und Komparsen.

Ein Begriff taucht im Zusammenhang mit Traumatisierung immer wieder auf: Re-Inszenierung. Traumatisierte suchen, so die These, gezielt Situationen auf, die ihnen vertraut vorkommen, da diese in ihnen bekannte Gefühle wecken, gleichgültig, wie unangenehm diese sind.

Da ich Jahrzehnte keinen Zugang zu meinen Gefühlen hatte, war die Tatsache, Gefühle überhaupt empfinden zu können, ein erstes echtes Erfolgserlebnis. Danach war es ein weiterer schwieriger Schritt, sich einzugestehen, dass nicht jede emotionale Regung einer äußeren Tatsache entsprechen muss.

Habe ich Gefühle? Wenn ja, welche? Und was zeigen sie mir? Meine eigene innere Welt? Nur sie? Oder empfinde und sehe ich Dinge, die auch für andere real sind? Wie soll man sich zurecht finden? Eine Situation, die mich auf fast komische Weise an den Film „A Beautiful Mind"[45] über den amerikanischen Mathematiker und Preisträger John Forbes Nash und dessen schizophrene Erkrankung erinnert. Dessen Wahnvorstellungen stellten seine Erfahrung von Realität wieder und wieder auf eine harte Probe. Von feiner Ironie ist eine der letzten Filmszenen, in denen er als gealterter Professor eine seiner Studentinnen fragt, ob sie den Besucher vor ihm ebenfalls sehen könne. Was ist Realität? In diesem Fall, als letzter Notnagel sozusagen, die Frage nach gesellschaftlicher Übereinkunft.

Ich habe jahrelang mit der Annahme gelebt, dass ich nichts richtig machen konnte. Was ich gab, war nie genug. Bis zur Selbstauflösung und völligen Erschöpfung. Und der stetig bangen Frage: „Entspricht meine Wahrnehmung der Realität?" Was dahin führte, dass mir jeder beliebige Mensch seine Version der Welt unterjubeln konnte. Ohne zu wissen, dass ich selbst den Boden für all das bereitete und begünstigte.

Aber Re-Inszenierung geht weit darüber hinaus. Re-Inszenierung bedeutet, sich unbewusst in missbräuchlichen und gefühlskalten Situationen zu Hause zu fühlen. Bedeutet, dass Ablehnung und Missbrauch aktiv aufgesucht werden, um bekannte und damit vertraute Gefühle wieder zu erleben beziehungsweise sie zu regenerieren. In Fachbüchern finden sich hierfür einprägsame Beispiele. Ich gebe so lange zu viel Geld aus, bis sich meine Verarmungsängste in der Realität manifestieren. Ich esse und trinke nicht mehr, um meinen bereits innerlich vollzogenen Tod nach außen sichtbar zu machen. Ich provoziere Freunde so lange, bis sie entnervt das Weite suchen, um meine Verlassenheitsängste zu bestätigen. Ich weiß im

---

[45] Deutsch: „Ein wunderschöner Verstand / Geist"

Gespräch alles besser und lehne jede Art von möglicher Lösung für ein Problem ab, um zu demonstrieren, dass andere Menschen meinem Leben genauso hilf- und planlos gegenüberstehen, wie ich selbst. Ich suche die Nähe von dominanten und manipulativen Personen, um meine eigene Ohnmacht zu zementieren.

Der Möglichkeiten gibt es unendlich viele. Das Problem steckt in uns, in unserem Glauben an das Drama. In der Taubheit, die sich eingestellt hat, durch den lieblosen Umgang miteinander.

Die Situation zu erkennen ist ein erster Schritt. Sie zu verlassen, ein zweiter. Das Verlassen der Situation kann ein Anfang sein auf einem sehr langen Weg, an dessen Ende hoffentlich Selbstachtung und wirkliche Liebe stehen. Liebe zu mir selbst. Und eine gesunde Liebe zu den Menschen in meiner Umgebung.

Die Tür selbst öffnen

Die letzten Tage habe ich viel über Selbstbewusstsein nachgedacht. Über Selbstliebe, Eigenempathie, Eigenverantwortung. Als Angehörige sind wir dauernd mit der Frage konfrontiert, wie wir Erfahrungen nachholen können, die zu einem viel früheren Zeitpunkt in unserem Leben hätten geschehen müssen. Gebe ich dem inneren, bedürftigen Kind das Ruder in die Hand, ist eine Abwärtsspirale in meinem Leben, in meinen Beziehungen vorprogrammiert. Habe ich den Mut, entschieden den Weg der Eigenverantwortung zu gehen, habe ich vielleicht eine Chance. So wenigstens erlebe ich die Dinge im Augenblick.

Ein einfaches Beispiel: Komme ich meiner Aufgabe zur Selbstfürsorge nicht nach und schlägt sich dies, für die Umwelt sichtbar, zum Beispiel in versäumter Köperpflege nieder, ist dies nicht nur eine Inszenierung meines Elends, eine passive Gewalttat gegenüber meinem Selbst, sondern mündet auch in einen Abwärtstrend. Ich schäme mich, unter die Menschen zu gehen, bin eingeschränkt in meiner sozialen Interaktion und erlebe die Welt als mir feindlich und abweisend.

Übe ich mich in Eigenliebe und Eigenverantwortung, kümmere ich mich um meine körperlichen und emotionalen Bedürfnisse, geht es mir insgesamt besser. Aus Selbstfürsorge entsteht Eigenliebe. In Folge davon ein steigendes Selbstwertgefühl aus dem Bewusstsein, ich kann selbst für mich sorgen, ich kann mich selbst um meine Bedürfnisse kümmern.

Nie werde ich das stolze Gesicht unseres Patenkindes vergessen, als es zum ersten Mal in der Lage war, allein eine Tür zu öffnen.

Jenseits des Flusses

Seit ich meine Mutter habe sterben sehen, ist der Tod für mich sehr real. Nicht in starre Furcht zu verfallen, ist gar nicht so einfach, denn mit dem Begreifen reift auch das Verstehen, dass der Tod in meinem Leben, in unserem Leben, nun immer häufiger zu Gast sein wird. So viele Leben, deren Ende ich vermutlich noch zu bezeugen habe, bis ich mich dann selbst in ferner oder naher Zukunft zu den Seelen ans andere Ufer gesellen werde.

Vor ein, zwei Jahren habe ich einmal vom Jenseits geträumt. Von einer Art Leben nach dem Tod. Seltsamerweise lag es hinter einem großen amerikanischen Holzhaus. Das Haus hatte eine überdachte Veranda und war zum Garten hin offen. Durch das Haus hindurch ging eine breite Kluft voll dichtester Schwärze. Und dahinter, durch den Spalt hindurch, ebenso, wie durch die Zimmer des Hauses, gelangte man ins Jenseits. O-der in eine Art Zwischenwelt? Ich konnte auf dieser Veranda sitzen und das jenseitige Land mit seinen Bewohnern sehen. Alle waren sie gekommen. Generationen von Verwandten standen auf diesem flachen, buschigen Stück Land in einer nebelartigen, ewigen Dämmerung, in der die Lampen, die die Toten in Händen hielten, ein sanftes, fluoreszierendes Leuchten verbreiteten. Kein Wort war zu hören, kein Laut. Nicht einmal ein Flüstern. Ahnen und Urahnen. Die Lichter versicherten mich ihrer Loyalität, das konnte ich spüren. Ich fühlte mich beschützt und geliebt. Eine taube Stille lag auf dem Land, das so gar nichts Bedrohliches an sich hatte. Sogar die Dunkelheit hatte etwas Tröstliches. Etwas Samtiges. Eine Art warmer, dunkler Mantel, in den man sich einschlägt bei eisigem Wetter. Meine verstorbene Großmutter stand in der Küche und buk Pfannkuchen für mich. Sie trug einen Schurz und schwenkte wortlos die Pfanne. Eine stille Demonstration von Liebe. Kein Wort wurde gesprochen. Sie war einfach da. Stille, reine Anwesenheit.

Ich bin froh, dass mir das heute Abend wieder einfällt. Habe ich bislang doch die ganze Zeit gedacht, ich hätte schon vor Jahren meinen Glauben an einen Sinn, an ein Schicksal, an den roten Faden in meinem Leben verloren. Vielleicht doch nicht? Vielleicht hat nur das Entsetzen über die emotionslose Grausamkeit der Natur meinen Glauben für einige Zeit verstummen lassen?

Lange wusste ich, wo der rote Faden war. Ich kann mich mit aller Deutlichkeit erinnern, dass ich die erfüllte, schicksalhafte Erlösung meines Lebens, den Moment, in dem ich spüren würde, wie sich die Dinge ineinander fügten, dass ich diesen Augenblick seltsamerweise nicht an ein großes Erfolgserlebnis in meinem Leben geknüpft hatte, sondern ganz eindeutig an den Tod. An meinen Tod skurriler Weise. Lange bevor er mir wirklich begegnete. Sie erinnern sich an die Beschreibung meines Lebens als eine Art militärischen Ausbildungsparcours, den es mit Ausdauer und Geschick zu überwinden galt?

Heute Abend allerdings frage ich mich, wenn ich diese Szene im Geiste an das wirkliche Ende meines Lebens gesetzt hatte und damit ein tiefes und umfassendes Erfolgserlebnis verband (daran erinnere ich mich ganz deutlich), was habe ich mir damals nur als entsprechendes Ende vorgestellt, das mir im Augenblick des Todes eine solche Ruhe bescheren könnte? Die Gewissheit, dass das eigene Leben nicht verschwendet wäre? Die Gewissheit, dass ich für erlittene Mühen und Verluste nun eben vollständig entschädigt worden sei? Mit einem umfassenden Blick über den Tellerrand unserer kleinen menschlichen Existenz hinaus? Eine tiefe und friedliche Ruhe stellte ich mir vor. Ein vollständiges zur Ruhe kommen, ein Stillstehen der Zeit. Das bereitwillige Öffnen der Finger. Das Einverständnis, den Lebensfaden entgleiten zu lassen. Den letzten Atem ins Universum hinauszusenden und mit ihm wieder eins zu werden. Eins mit einer energetischen Ursuppe, die seit dem Beginn der Zeiten nichts anderes kennt, als Einfallsreichtum und den unbeugsamen Willen zur Manifestation, zur Veränderung. Zurückzufließen in den ersten Gedanken allen Seins. Einen letzten Gruß zu senden, in Gedanken, an die Lebenden und die Toten. All diejenigen, die meinen Weg geteilt haben. Und drüben vielleicht auf mich warten werden? Kann man sich wünschen, wen man im Jenseits treffen wird?

Ein Elefant verschwindet

Es sind nun schon einige Monate vergangen, seit ich das letzte Kapitel geschrieben habe. Wie ist es meinem Mann und mir in der Zwischenzeit ergangen? Mein Mann hat ebenfalls mit einer Therapie begonnen. Die Situation mit meinem Schwiegervater hat sich soweit verschärft, dass wir gerichtlich eine Betreuung beantragen mussten. Ein schwerer Schritt für alle.

Meine körperliche Gesundheit hat sich sehr verbessert. Nicht nur durch einen beruflichen Wechsel und die sinnvolle Entscheidung, eine

Karriere gegen ein Leben mit mehr Ruhe und Erholungsphasen zu tauschen, sondern auch durch einen neuen Arzt und eine neue pflanzliche Medikation. Inzwischen lebe ich fast ohne Ängste, oder sagen wir, nur noch mit denen, die eben die meisten von uns so kennen

Psychologisch hat mich ein erneuter Wechsel des Therapeuten ein großes Stück weitergebracht und der Kontakt mit der Arbeit von Byron Kathie[46]. Aber davon wird vielleicht in einem anderen Bericht die Rede sein.

In jedem Fall wünsche ich Ihnen auf Ihrem Weg von Herzen alles Gute!

Und ich möchte Sie mit diesem Nachwort ermutigen, die Hoffnung nicht aufzugeben, egal, auf welchem Abschnitt Ihrer Reise Sie sich befinden mögen. Es gibt Licht am Ende des Tunnels! Gehen Sie weiter! Die Aussicht auf Besserung mag Ihnen im Augenblick vielleicht so unwirklich vorkommen, wie die phantastische Nummer eines Zauberkünstlers auf einer Bühne. Harry Houdini[47] ließ 1918 im New Yorker Hippodrom einen Elefanten vor über 5.000 Menschen verschwinden. Augenscheinlich war er verschwunden und doch, durch einen simplen Trick, war er immer noch auf der Bühne. Ebenso wird es für mich immer sein: Ein Teil meiner Geschichte verschwindet aus dem Blick, ein anderer wird immer sichtbarer Teil von mir bleiben.

---

[46] Geb. 1942, Begründerin der psychologischen Technik „The Work". Sie litt jahrelang unter schweren psychischen Problemen, bis sie eine Möglichkeit fand, ihr eigenes Denken zu hinterfragen. „The Work" arbeitet mit dem grundsätzlichen Gedanken „ist das wahr?" und der Tatsache, dass es keine objektive Realität gibt, sondern jeder Mensch seine Welt durch sein eigenes Erleben erfährt und bewertet.
[47] Geb. 1874, gest. 1926, US-amerikanischer Magier, Entfesselungs- und Zauberkünstler.

Mein kaputtes Heldentum

Katharina Körting

Ich funktioniere so gut, dass ich vergesse, wer ich bin. Dann falle ich aus: Ich ticke zu schnell. Die Schnelligkeit um mich herum spiegelt sich in meiner eigenen. Beide blenden mich. Verblendet funktioniere ich. Manchmal tut es gut, meistens tut es weh, wie bei jedem Heldentum.

Marta Press 2019, 200 Seiten
ISBN: 978-3-944442-19-8
18,00 € (D), 20,00 € (AT), 22,00 CHF UVP (CH), 26,00 US$, 18,00 GBP, 38,00 AU$

Unvermeidbare Beeinflussung

Juliane Beer

Auf dem Dachboden eines Neuköllner Mehrfamilienhauses treibt ein Geist sein Unwesen. Das zumindest vermuten die Bewohnerinnen, bis der Vermieter tot im Treppenhaus aufgefunden wird. Kommissarin Liz Feldmann nimmt die Ermittlungen auf …

Juliane Beer gelingt mit diesem Krimi ein Balanceakt zwischen Klischee und Realität, der humorvoll und beinahe nebenbei gesellschaftliche Schieflagen aufdeckt.

Marta Press 2016, 156 Seiten
ISBN: 978-3-944442-57-0
14,00 € (D), 15,00 € (AT), 17,00 CHF UVP (CH), 16,00 US$, 12,00 GBP, 21,00 AU$

Frau Doktor E. liebt die Abendsonne

Juliane Beer

Frau Dr. E., Mitte 40 und Single, arbeitet kompetent und engagiert als Ärztin in Kapstadt, Berlin und Hamburg. Unruhig wird sie, als sie nach Antritt einer neuen Arbeitsstelle in der norddeutschen Provinz im *Ärzteblatt* lesen muss, dass möglicherweise eine „falsche Ärztin" in Deutschland unterwegs sei …

Marta Press 2015, 236 Seiten
ISBN: 978-3-944442-31-0
14,90 € (D), 15,50 € (AT), 21,90 CHF UVP (CH)